AF603454

NOTICE BIOGRAPHIQUE

SUR LA

R^DE MÈRE MARIE DE JÉSUS

RELIGIEUSE

DE LA CONGRÉGATION DE NOTRE-DAME

CHANOINESSE RÉGULIÈRE DE S.-AUGUSTIN

AU MONASTÈRE DIT DES OISEAUX

A Paris, rue de Sèvres, 86.

CLERMONT-FERRAND
LIBRAIRIE CATHOLIQUE
M. BELLET et FILS, Editeurs, avenue Centrale, 4.
PARIS
J. VIC, Libraire, rue Cassette, 11.
1887

NOTICE BIOGRAPHIQUE

SUR LA

R^DE MÈRE MARIE DE JÉSUS

Chanoinesse régulière de S.-Augustin

MONASTÈRE DIT DES OISEAUX

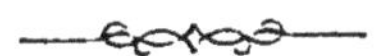

CHAPITRE Ier

Enfance de la Mère Marie de Jésus. — Premières faveurs du ciel. — Elle perd ses parents. — Elle est adoptée par une pieuse femme du faubourg Saint-Germain, à Paris. — Vie intérieure. — Pratique des devoirs domestiques. — Charité. — Zèle. — Oraison. — Esprit de l'Eglise. — Catéchisme des missions étrangères, sa paroisse. — Remarquable modestie. — Esprit de pénitence. — Longue épreuve.

La Mère Marie de Jésus peut compter, nous le croyons, parmi les âmes les plus privilégiées du Sacré Cœur de Jésus, et les plus vertueuses de ce siècle, dans lequel Dieu semble se plaire à tirer sa gloire de ce qu'il y a de plus humble et de plus obscur. Elle naquit le 15 mars 1797 à Bougival, dans les environs de Paris. Ses parents étaient d'honnêtes et pauvres jardiniers qui pourvoyaient laborieusement au soutien de leurs sept enfants qu'ils laissèrent trop tôt orphelins de père et de mère.

Dieu, dont la bénédiction est promise aux nombreuses familles, ne laissa cependant dans le besoin aucun de ces enfants. Il y en eut même qui s'établirent aussi avantageusement qu'honorablement. Quant à notre petite Laure, âgée seulement de huit ans, elle fut adoptée par une pauvre cardeuse de matelas du faubourg Saint-Germain, et par son mari, bon vieillard de soixante-dix ans ; celui-ci consentit d'autant plus volontiers à cette bonne œuvre qu'ils n'avaient pas d'enfants. Ils communiquèrent à la jeune Laure les véritables trésors qu'ils possédaient l'un et l'autre à un degré éminent : la foi, la piété, la crainte et l'amour de Dieu. Mais déjà le Seigneur avait pris soin d'instruire lui-même cette enfant de bénédiction : car, d'après un récit de sa vie que l'obéissance l'obligea d'écrire plus tard, nous voyons qu'à l'âge de quatre à cinq ans elle avait reçu de Dieu l'une de ces faveurs qui font en un moment passer l'âme des ténèbres à la lumière. Le ciel s'était ouvert à ses yeux, pendant une promenade qu'elle faisait dans les champs avec sa sœur aînée, prodige qui la laissa longtemps comme hors d'elle-même, et dans un silence de joie et d'admiration qu'il lui était impossible de rompre ni d'expliquer. Aussi bien, nul autour d'elle n'eût-il compris cette opération extraordinaire de la grâce, présage de tant d'autres faveurs qui devaient suivre, et qui l'éleva bien au-dessus des faibles connaissances religieuses que comportait son âge. Depuis, elle cherchait partout, avec une inquiète impatience, le Dieu qui lui était apparu glorieux ; la solitude, ce besoin du cœur qui a goûté les choses du ciel, lui était si douce qu'on la voyait choisir de préférence les coins les plus retirés de la maison, ou bien s'enfuir à l'église. Là, seule enfin, et tout près du saint Tabernacle, elle répandait son âme devant Dieu, se sentant heureuse d'être en sa présence.

A cette piété précoce, Laure joignait une vraie tendresse pour les pauvres qu'elle traitait dès cet âge si tendre aussi bien et souvent mieux qu'elle-même. Plus d'une fois, il lui arriva de partager avec eux le pain nécessaire au soutien de sa vie. Une fois entr'autres, un pauvre s'étant présenté à la porte, lorsqu'elle était seule au logis, l'embarras de la pauvre enfant fut grand, car il ne lui restait qu'un petit morceau de pain pour toute sa journée. Le pauvre, pressé de la faim, insistait ; elle eut bientôt pris son parti ; et, non moins généreuse que le grand saint Martin, elle lui en donna la moitié. Si le Seigneur ne lui témoigna pas dans un songe merveilleux combien il était satisfait de sa charité et de la rude privation qu'elle s'était imposée, il daigna verser dans l'âme de cette enfant de si abondantes et de si douces consolations, qu'elle compta désormais ce jour mémorable parmi les plus beaux jours de sa vie.

Madame Denys, c'était le nom de la mère adoptive de Laure, était une femme intelligente, capable, énergique, l'un de ces types à part dont la dignité grave et austère, en même temps que bienveillante, se retrouvait encore au dernier siècle, comme un souvenir des âges meilleurs. Rien ne lui manquait pour seconder la grâce dans le cœur de la jeune enfant placée sous sa tutelle. Il ne lui fallut pas longtemps pour découvrir, du moins en partie, les dons divins versés dans ce jeune cœur. Elle mit donc tous ses soins à joindre l'instruction religieuse à cette piété native, et se chargea d'être le premier catéchiste de Laure. Toutes ses instructions tombaient dans ce cœur innocent, selon la parole de l'Ecriture, comme la rosée sur le gazon, pour s'y reproduire en perles et en pierreries de saintes pensées et d'œuvres méritoires, car l'habile maîtresse s'appliquait surtout à bien pénétrer l'enfant de cette vérité, à savoir que tout ce qu'on apprend, tout ce qu'on sait de Dieu et de notre sainte Religion, doit se traduire en actes, et passer dans notre vie par une constante et courageuse pratique. Aussi ne laissait-elle passer aucune occasion de corriger les plus légers défauts de l'enfant, et de lui inspirer l'horreur du péché.

Admise de bonne heure au catéchisme des Missions étrangères, sa paroisse, Laure y fut le modèle des enfants de son âge. Aidée du maître intérieur qui lui continuait ses secrètes leçons, elle fit en peu de temps des progrès si rapides dans la connaissance de la Religion et dans la piété, qu'on crut devoir l'admettre à la première communion avant qu'elle eût atteint sa onzième année. De son côté, tels furent ses désirs, ses efforts, sa ferveur, que le grand jour, enfin arrivé, fut pour elle un avant-goût du ciel.

Depuis, elle ne laissa échapper aucune occasion de puiser dans le divin banquet la force et le soutien de son âme. Dès l'année de sa première communion, il lui fut permis d'en approcher régulièrement tous les mois ; puis tous les quinze jours, enfin plusieurs fois dans la semaine.

Les fruits qu'elle en retirait étaient sensibles pour quiconque vivait avec elle. Elle était naturellement portée à deux défauts graves : l'orgueil et la colère; mais celui qui est doux et humble imprimait dans son âme, en la visitant, l'amour et la pratique de ces deux vertus de son Cœur, la préparant ainsi de loin aux communications intimes dont ce divin Cœur devait être à la fois pour elle l'organe et le but. La guerre finit pour Laure sur ce terrain à l'âge de quatorze ans. Elle triompha plus facilement encore d'un reste de goût pour la parure, dernier des ennemis qu'elle eut à combattre. Alors, toutes choses étant en paix dans son âme, elle s'appliqua avec une constance inébranlable à la pratique des solides vertus. A l'humilité et à la douceur, objet de ses prédilections, elle joignit l'abnégation la plus complète d'elle-même, et surtout l'obéissance, se proposant pour modèle Jésus caché à Nazareth et soumis à Marie et à Joseph, en attendant qu'il le fût à ses bourreaux sur le Calvaire. Suivre pas à pas ce divin modèle, sans le perdre de vue un seul instant, devint toute son étude.

Rien cependant n'était plus simple que sa vie. Conduite par l'esprit de sagesse, Laure fit toujours consister sa vertu dans l'accomplissement des devoirs de son état; elle croyait ne pouvoir contenter Dieu qu'en y apportant une inviolable fidélité. Le travail des mains, les soins du ménage et la prière partageaient tout son temps. Rien n'égalait ses soins pour le vénérable vieillard qui l'avait reçue dans sa maison. Elle l'accompagnait chaque jour dans ses promenades, et à l'église des Carmes où il aimait à faire son adoration dans la chapelle du Sacré-Cœur. Elle ne le quitta point pendant la courte maladie qui termina par la mort des justes sa longue et pieuse carrière de 86 ans, et contribua puissamment par ses prières et par ses consolations à lui faire franchir joyeux et calme ce terrible passage redouté des saints eux-mêmes.

Mais c'était sa bonne tante qui occupait après Dieu la première place dans son cœur. Elle se plaisait à reconnaître ses bienfaits : — Sans doute, disait-elle, je lui dois beaucoup pour avoir pourvu à mes besoins temporels, mais combien plus je lui suis redevable dans l'ordre spirituel ! C'est elle qui m'a appris à connaître Dieu et à me corriger de mes défauts, autant par ses exemples que par ses instructions et par ses réprimandes. Quand Laure parlait de Mme Denys, elle l'appelait sa tante ; mais quand elle s'adressait à elle-même, elle substituait à ce nom celui de mère, avec le doux accent que peut inspirer la piété filiale. Aussi, rien n'égalait son respect et sa soumission envers sa mère d'adoption. L'obéissance religieuse dans toute sa perfection n'aurait pu aller plus loin. La charité, qu'elle avait exercée d'une manière en quelque sorte héroïque dans son enfance, avait pris de nouveaux accroissements dans son cœur ; souvent on l'a vue se dépouiller de ses modestes vêtements pour en revêtir de jeunes personnes de son âge, et extorquer en quelque sorte la permission de sa tante pour donner un libre cours à ses aumônes, et pour se défaire en faveur des pauvres de ce qu'elle avait de meilleur. Le zèle du salut des âmes dont elle était dévorée, lui suggérait mille industries pour les gagner ; et elle retira entre autres de l'abîme de la perdition une pauvre jeune fille qu'elle eut la consolation d'assister à ses derniers moments, et de voir mourir dans les sentiments du plus vif repentir et de la plus tendre confiance.

Cette vie si active, loin de sortir d'elle-même la bonne Laure, était en quelque sorte le soulagement du feu intérieur qui la consumait ; son cœur, comme invinciblement uni à Dieu, cherchait par ces actes extérieurs à lui prouver son amour.

Les exercices de la piété chrétienne avaient cependant leur temps déterminé ; mais toujours elle le trouvait trop court, et c'était alors sur son sommeil qu'elle se dédommageait, consacrant à l'oraison la plus grande partie des nuits à genoux, quand elle le pouvait sans être aperçue, ou bien au lit, dans une posture gênante, afin de ne pas succomber au sommeil.

Le sujet le plus ordinaire de ses méditations était la Passion de N.-S., et surtout son agonie au jardin des Olives. C'était là qu'il faisait bon pour elle, et que les réflexions et les sentiments abondaient.

« Son oraison, écrit le père Ronsin, le dernier de ses directeurs, était tout ce qu'il y a de plus simple : affectueuse, sans grands raisonnements ; plus du cœur que de l'esprit, plus de Dieu que d'elle-même. Le Seigneur agissait avec une suavité merveilleuse dans cette âme innocente qui, de son côté, s'abandonnait à lui avec une docilité d'enfant. C'était une oraison de recueillement, de silence, de présence de Dieu ; douce contemplation qui avait pour objet, tantôt un mystère de la vie mortelle de J.-C., tantôt quelqu'un des attributs de Dieu ; presque toujours sa bonté, sa miséricorde, son amour pour les hommes. »

Sa dévotion avait le caractère par excellence de la vérité, car elle consistait à suivre en toutes choses l'esprit et les rites de la sainte Eglise dans le cours de l'année ecclésiastique. Avec la communion, son grand appui était la sainte Messe, qu'elle entendait autant que possible tous les jours. Il lui aurait semblé qu'il manquait quelque chose à son âme si l'expiation non sanglante du Calvaire ne s'était pas renouvelée sous ses yeux. Assidue aux offices, aux instructions de la paroisse, et particulièrement au catéchisme, elle n'y manqua pas une seule fois jusqu'à l'époque de la maladie qui lui ouvrit les portes d'une vie plus parfaite encore dans le cloître. On l'interrogeait souvent, quelquefois même on lui faisait des questions captieuses, et elle répondait avec une lucidité, une élévation, une sagesse qu'on ne se lassait point d'admirer. Chaque année, elle suivait la retraite qui précède la première communion, et se faisait une fête d'accompagner à la sainte Table les heureux enfants qui s'en approchaient pour la première fois, les entourant de ses vœux ardents et sollicitant pour tous la persévérance. On lui avait confié à la paroisse le soin de diriger le chœur des chanteuses, et elle s'acquittait de cette fonction avec un zèle et une modestie qui faisaient songer aux anges de Dieu redisant le sacré cantique entendu par le disciple bien-aimé dans la Jérusalem nouvelle. Un des prêtres qui présidait le catéchisme assurait ne lui avoir pas une seule fois vu lever les yeux pendant les deux années qu'il passa dans cette fonction. Ce profond recueillement était un charme qui édifiait et qui attirait non-seulement les regards de ses compagnes, mais de toutes les personnes qui fréquentaient la maison de Dieu. Une fois entrée dans l'église, soit qu'elle priât, soit qu'elle chantât, son attitude, son immobilité, son respect révélaient le Dieu vivant dans son cœur. On sentait que tout avait disparu pour elle, et qu'elle ne voyait plus, ne sentait plus que Jésus seul.

Au reste, ce n'était pas seulement dans le lieu saint, ni dans les actes de religion proprement dits, qu'elle se montrait si appliquée, si absorbée en Dieu. Cet attrait de grâce l'accompagnait partout : à la maison, dans le détail des soins du ménage, au dehors, dans ses courses multipliées, et dans son travail habituel, d'autant plus dissipant qu'il était pour l'ordinaire au-dessus de ses forces, et qu'elle s'y livrait en plein air, exposée aux injures du temps, dans des lieux ouverts à tout le monde. Mais indifférente et insensible à tout ce qui l'incommodait, comme à ce qui se passait autour d'elle, Laure ne perdait pas un instant la présence de Dieu, et profitait de tout pour fonder et affermir en elle le règne divin que le Seigneur Jésus a dit être au dedans de nous.

Ce recueillement habituel et cette union intime avec Dieu étaient le fruit et comme la récompense de sa parfaite abnégation et de son application infatigable à se mortifier en toutes choses. Elle eût voulu ajouter à sa vie déjà si pénible les mortifications corporelles les plus rudes, et soulager ainsi la soif de souffrances que lui inspirait la contemplation de Jésus crucifié. Il lui était d'autant plus difficile de se satisfaire pleinement à cet égard, qu'elle se trouvait rarement seule.

Mais notre Seigneur, qui lui avait inspiré ce désir, et qui voulait en faire une épouse digne de son cœur, en imprimant en elle les traits de sa vie souffrante, se chargea de suppléer à ce qui pouvait lui manquer de ce côté. Il le fit surabondamment par les peines intérieures auxquelles il la livra en proie durant cinq années entières : ténèbres, aridités, distractions, délaissements, désolations, tentations violentes qui la tenaient suspendue comme par un fil sur l'abîme du désespoir ; voilà une partie des épreuves par lesquelles il acheva de lá purifier et de perfectionner sa vertu. Il semblait que tout l'enfer était déchaîné contre elle. Elle appelait son Dieu, il ne lui répondait pas ; elle le cherchait partout, et elle ne le trouvait pas ; non qu'il fût loin d'elle, il était au fond de son cœur, mais si profondément caché, qu'elle ne pouvait ni le voir, ni l'entendre. Dans ce pénible état, où le démon s'efforçait de lui persuader qu'il n'y avait plus de salut possible, parce qu'elle avait abusé de toutes les grâces de Dieu, son unique ressource était de se jeter aux pieds du crucifix, de l'inonder de ses larmes, de le presser sur ses lèvres, contre son cœur, en criant : *Pardon, mon Dieu, pardon, ne m'abandonnez pas ; vous ne m'avez pas créée pour me perdre.* Paroles qu'elle répétait sans cesse, dans un esprit de foi, mais sans aucune consolation sensible. Cependant, loin d'abandonner l'oraison et ses exercices de piété, elle y donnait plus de temps et d'application, et par cette constance généreuse, elle mérita de retrouver enfin le Dieu qu'elle cherchait toute désolée depuis si longtemps.

Ce Dieu de bonté, vaincu par la persévérance

de sa servante, ou plutôt ne pouvant résister plus longtemps aux désirs de son propre cœur, la tira du désert pour l'introduirė dans la terre promise. Il fit succéder le calme à l'orage, il lui donna sa paix, la paix des élus de Dieu, paix intime, profonde, ineffable, qui surpasse tout sentiment et toute consolation, et qui est comme un avant-goût du bonheur du ciel.

CHAPITRE II

Longue maladie de Laure. — Grâces extraordinaires. — Extases rendues publiques. — Jésus et Marie se montrent à elle. — Prédictions vérifiées. — Communications au sujet de la dévotion au sacré Cœur. — Sorte d'agonie. — Abandon à la divine volonté. — Nuit de Noël. — Jésus, Marie, Joseph. — Neuvaine à sainte Geneviève. — Guérison.

Ce fut au sortir de cette longue épreuve, que Dieu se plut à renouveler et à manifester au dehors les grâces extraordinaires dont il avait autrefois favorisé dans le secret cette âme ardente et pure. Il se servit pour cela d'une longue et douloureuse maladie de poitrine, une hydropisie accompagnée de douleurs d'estomac et de défaillances qui la conduisirent plus d'une fois jusqu'aux portes de la mort. Alors il lui fut impossible de se soustraire aux regards comme elle avait fait jusque-là. Déjà bien des fois, en effet, elle avait presque entièrement perdu l'usage des sens dans l'oraison, surtout à l'église, où tout favorisait son recueillement, et où la seule vue du saint Tabernacle la mettait hors d'elle, au penser de Celui que l'amour y tient caché pour nous. Souvent elle avait vu Notre-Seigneur tout rayonnant de gloire dans la sainte Hostie, et les saints dans la gloire;

mais personne, pas même son confesseur, alors le saint abbé Desjardins (1), n'avait reçu confi-

(1) L'abbé Desjardins, docteur de Sorbonne, grand vicaire de Paris, était l'un des types exquis du clergé français avant la révolution. Obligé d'émigrer en Angleterre en 1792, il y trouva cet accueil généreux accordé à tous les Français, qui retombe aujourd'hui en torrents de grâces sur l'île hospitalière. L'Abbé Desjardins fut apprécié du célèbre Burke, qui lui fit donner une mission du gouvernement anglais pour le Canada. — Il y resta, visita le pays, y exerça le saint ministère, et s'y fit estimer autant qu'aimer par les rares vertus qui s'accordèrent en lui jusqu'à la fin, avec la noblesse des sentiments, l'élégance des manières, l'urbanité et un désintéressement à toute épreuve. La liberté rendue à la religion dans sa patrie en 1802, l'y rappela. — Le cardinal Caprara l'attacha à sa légation, et le cardinal de Belloy le nomma peu après curé des Missions-Etrangères. — Une lettre du duc de Kent, qu'il avait connu à Québec, tombée entre les mains de la police, rendit le pieux curé suspect à Napoléon, qui le fit enfermer comme prisonnier, pendant deux ans, dans le séminaire de Verceil (Piémont). — La Restauration (1814), le rendit à sa paroisse. En 1819 le cardinal de Périgord, archevêque de Paris, le nomma grand-vicaire. Devenu archidiacre de Sainte-Geneviève, il fonda les sœurs *Gardes-Malades*, institution qui a pris un si grand accroissement, et qui rend de si incontestables services à l'humanité souffrante. L'abbé Desjardins refusa successivement les évêchés de Blois en 1817, et de Châlons en 1823. Il mourut en 1833, entre les bras de son archevêque et de son ami, monseigneur de Quélen, dont il avait partagé les épreuves et les sollicitudes, vivement regretté et vénéré de tous ceux qui l'avaient connu.

dence de ces grâces, qu'elle croyait être faites à tous, et qu'elle ne pensait pas devoir entrer dans son compte de conscience. Il lui fallut bien cependant les avouer quand elles éclatèrent au dehors, et qu'elle fut interrogée sur sa vie précédente. La maladie la retint donc plus d'un an sur le lit de douleur qui devint pour elle un Thabor. Tant qu'il lui fut possible de s'occuper, elle employa le jour à prier, à lire, à méditer, et la nuit presque entière dans son exercice de prédilection, la contemplation des mystères de la Passion de Jésus-Christ. La sainte communion lui était apportée en viatique de dix en dix jours : et tel fut son état, le mercredi de Pâques (1822), qu'on crut devoir se rendre à ses désirs, et lui administrer l'Extrême-Onction. La joie brillait dans ses yeux, elle se croyait au port tant désiré, et déjà tournait ses regards avides vers la patrie, laissant derrière elle avec allégresse ce qui avait précédé. Tout semblait concourir à seconder son attente, et les derniers symptômes de la destruction furent même suivis d'une défaillance totale, qui la laissa plusieurs heures sans connaissance, sans pouls et presque sans vie. Mais tandis qu'on la pleurait comme morte, elle revint à l'état pénible qui avait précédé cette crise ; puis le mal reprit son intensité et alla toujours en croissant jusqu'à l'époque où Dieu daigna la rappeler miraculeusement des portes de la mort, pour la faire entrer dans une vie nouvelle.

Ce fut à partir du 3 mai (1822), et sous les auspices de la sainte Croix, en la fête de son Invention, que se manifestèrent au dehors les miséricordes divines à son égard. Le jour de cette fête. elle entra immédiatement après la communion dans une extase qui dura environ deux heures et demie. Ses yeux étaient ouverts, sans qu'elle vît rien autour d'elle. Son visage radieux et enflammé respirait la joie la plus vive ; son corps semblait faire effort pour s'élancer vers l'objet divin qui l'attirait. Elle étendait les bras comme pour le saisir, s'écriant : « Oh ! qu'il est beau ! qu'il est ravissant ! » — Puis, un moment après : Oh ! qu'elle est belle ! ô ma bonne Mère ! Jésus et Marie s'étaient montrés aux yeux de son âme. — Un torrent de paroles entre-coupées de soupirs sortaient de sa bouche ; c'étaient comme autant de traits de flamme qui partaient de son cœur. — La pauvre tante donna, sans le vouloir, toute la publicité qu'elle aurait tant voulu éviter dans la suite, à l'état de l'édifiante malade. La voyant dans ces saints transports, et n'en comprenant pas le sujet, elle crut à un accès de folie ou de fièvre chaude. Elle appelle à haute voix : *Laure! Laure!* Point de réponse. Elle la secoue avec violence, c'est en vain ; Laure ne voyait, n'entendait, ne sentait rien ; elle n'était plus sur la terre. Sa tante, au désespoir, court chez les autres locataires, fondant en larmes : « Hélas ! dit-elle, » Laure est folle ; venez, venez la voir et aidez- » moi. » A cet appel, la chambre de la malade est bientôt remplie de spectateurs, dont les uns, partageant les craintes de l'excellente femme, cherchent à la consoler ; et les autres, suspendant leur jugement, attendent en silence le dénouement de cette scène extraordinaire.

Cependant le prêtre qui avait apporté la sainte Communion à la malade, était resté là en prières. L'apercevant au pied de son lit quand elle revint de cette extase : « Ah ! mon père, s'écria Laure, ne sachant ce qu'elle disait, non plus que Pierre sur le Thabor ! Quel doux sommeil !

Depuis cet heureux jour, toutes les fois qu'elle communiait, et même dans l'intervalle, au milieu d'une lecture, d'une méditation, surtout les jours des fêtes les plus chères à sa piété, Laure recevait des grâces analogues, c'est-à-dire que Notre-Seigneur l'unissait à Lui dans une suspension totale des sens. Ces extases prirent toutefois un caractère plus calme, plus paisible, et une marche plus régulière ; sans doute parce que, sans rien perdre de la vivacité de ses jouissances, son âme en était moins étonnée. Elles suspendaient le sentiment de ses souffrances habituelles, non-seulement tout le temps de leur durée, mais pendant plusieurs heures, et quelquefois pendant un ou deux jours. Rien ne pourrait donner idée du profond recueillement, de la sérénité et de la douceur de son visage, immédiatement avant la communion ; puis, quelques minutes après avoir reçu Notre-Seigneur, ses yeux s'ouvraient subitement et demeuraient fixés au ciel, jusqu'à la fin de l'extase. Ce regard d'ineffable béatitude était comme le signal du départ de l'âme qui semblait abandonner le corps, tandis qu'elle s'appliquait dans une vision intellectuelle à l'objet divin qui saisissait et captivait par un doux ravissement toutes ses puissances. Durant tout ce temps, les sens extérieurs se fermaient aux choses visibles ; et son sourire tout céleste, ses yeux inondés de larmes, son teint animé des plus vives couleurs, faisaient en quelque sorte partager aux témoins de ces merveilles les délices de son âme ravie. Tantôt elle chantait de sa belle voix, plus mélodieuse que dans l'état ordinaire, des cantiques analogues aux sentiments de reconnaissance et d'amour dont elle était pénétrée, les terminant presque toujours par un motet au Saint-Sacrement; tantôt sa joie se manifestait par de vives exclamations : « O amour! amour! O mon doux Jésus!... Toujours vous aimer! toujours dans votre divin Cœur! oui, toujours! Ah! quel bonheur! O divin Cœur de mon Jésus! qu'il est doux d'habiter en vous... pour toujours!... O ma Mère! ô ma tendre Mère! c'est à vous que je dois mon bonheur. »

Avant qu'elle eût recouvré ses sens, on avait eu soin de faire retirer les témoins si nombreux de ces merveilles que vinrent bientôt admirer en foule plusieurs prélats, grand nombre d'ecclésiastiques éclairés et de personnages les plus distingués.

Ce qui paraissait au dehors n'était qu'un signe bien imparfait des opérations divines dans cette âme privilégiée... Voici, d'après ce qu'elle en put dire à son confesseur, ce qui se passait dans le saint commerce entre le Dieu caché et son humble servante. Dès que Notre-Seigneur était entré dans son cœur par la sainte Communion, elle se précipitait en esprit à ses pieds, dans un sentiment profond de sa bassesse ; et là, anéantie en présence de la divine Majesté, elle se considérait, disait-elle, comme un petit atôme enseveli dans la poussière de ses imperfections, comme le rien devant le tout. Alors le Dieu de bonté, qui se plaît à révéler aux humbles le secret de son royaume, se montrait à son âme tout rayonnant de gloire. Elle le voyait au milieu d'une lumière éblouissante, qui ne lui permettait d'apercevoir que son divin visage plein de douceur et de majesté ; et, dans sa poitrine, son Cœur adorable, environné de flammes ardentes et tout brûlant d'amour. Elle voyait aussi de la même manière, mais dans une lumière moins éblouissante, la sainte Vierge, sa bonne Mère, à laquelle elle avait toujours été fort dévouée.

Dans les premières visites du ciel après la communion, c'était d'abord la sainte Vierge qui, lui ouvrant son cœur maternel, l'y renfermait et l'y tenait cachée quelque temps. Puis Notre-Seigneur, regardant sa Mère avec un doux sourire et lui indiquant son divin Cœur, comme s'il eût été impatient de jouir à son tour de sa créature tant aimée, la faisait passer subitement du cœur de Marie dans son propre Cœur, mais d'une manière si réelle, si sensible, qu'il lui semblait sortir, selon son expression, d'un appartement pour entrer dans un autre. Quand la pieuse Laure se fut consacrée par un vœu spécial au Cœur adorable de Jésus, elle y fut admise constamment après la sainte communion, sans passer par le cœur de Marie qu'elle voyait néanmoins, et avec qui elle conversait comme auparavant.

Dans les heureux moments où elle pouvait tout sur le Cœur de Dieu, elle lui recommandait avec les plus vives instances les affaires et les démarches tendant à sa gloire. Plus d'une fois il lui fut répondu très-distinctement que ses prières étaient exaucées. Sans la moindre hésitation sur la promesse divine, elle la communiquait aux personnes intéressées, et toujours l'événement justifiait la prédiction ; ainsi qu'il arriva entr'autres pour la donation du Calvaire aux missionnaires de France, qu'elle avait annoncée formellement avant même que la demande en eût été faite au Roi.

La dévotion toute particulière de cette âme privilégiée au Cœur de Jésus avait crû avec les années, et bientôt elle en reçut des communications toutes particulières. Ce fut en 1814 que son zèle s'enflamma envers ce divin Cœur par la lecture d'une prière aujourd'hui répandue partout et intitulée : *Consécration de la France au Sacré-*

Cœur de Jésus. Elle continua de la réciter chaque jour avec une ardeur toujours croissante, et avec un désir toujours plus vif d'en obtenir de Dieu l'accomplissement.

Quelques années après, ayant entendu lire en chaire le mandement et les autres pièces relatives à la consécration de la ville de Poitiers au Sacré-Cœur de Jésus. « Ah ! dit-elle, en soupirant, si la France entière pouvait jouir du même bonheur ! » — Et ce fut vers ce but que se dirigèrent désormais tous les désirs de son âme, toutes les intentions de ses communions, tous les sacrifices dont sa vie fut semée. Ce fut aussi à partir du moment où elle entra dans la confrérie du Sacré-Cœur, pendant sa maladie, au mois d'août 1822, qu'elle redoubla ses instances pour fléchir le divin Maître. Alors aussi se multiplièrent les faveurs plus singulières qu'elle reçut du divin Cœur et dans le divin Cœur de Jésus. « Abîmée dans cet océan de lumières, écrit le père Ronsin, sous la conduite duquel notre malade fut alors placée, elle y voyait clairement les désirs de ce Cœur adorable tout embrasé d'amour pour les hommes, et les desseins particuliers de sa miséricorde sur la France. Il lui fut dit et répété souvent par Jésus-Christ même dans ses extases, que le vœu de consécration de la France au sacré Cœur, attribué à Louis XVI, était bien véritablement de lui ; que c'était lui-même qui l'avait composé et prononcé. Le divin Sauveur avait ajouté qu'il désirait ardemment que ce vœu fût exécuté ; c'est-à-dire que le Roi consacrât sa famille et tout son royaume à son divin Cœur, comme autrefois Louis XIII à la sainte Vierge ; qu'il en fit célébrer la fête solennellement et universellement, tous les ans, le vendredi après l'octave du Saint-Sacrement, et qu'enfin il fit bâtir une chapelle et ériger un autel en son honneur. » — C'est en ces propres termes que Jésus-Christ s'en expliquait, et toutes ses paroles étaient si bien articulées, qu'elles s'imprimaient profondément dans l'âme de sa servante. A cette condition, le divin Sauveur promettait pour le Roi, la famille royale et la France entière, les plus abondantes bénédictions ; Notre-Seigneur lui donna même la confiance que ce vœu serait en effet exécuté un jour avec ses principales dispositions. Tel était l'objet dont Notre-Seigneur l'occupait principalement dans les heureux moments où, l'unissant à Lui dans son divin Sacrement, il se rendait le maître absolu de son âme. — Cet hommage solennel au Sacré-Cœur de Jésus, le salut de la France et le triomphe de la foi semblaient en effet la fin principale que Notre-Seigneur se proposait dans les grâces insignes qu'il accordait à cette âme choisie.

Au milieu de tant de faveurs, la vertu qui charmait le plus en elle, c'était une simplicité toute évangélique. Elle traitait familièrement et respectueusement avec Dieu, comme un enfant avec son père, lui exposant ses besoins, ses désirs, avec une douce et sainte assurance d'être écoutée et exaucée. Dans ses relations avec le prochain, tout le monde était ravi de sa candeur. Souvent visitée par les personnages les plus remarquables de l'époque, qui prenaient plaisir à l'entretenir des choses de Dieu, elle satisfaisait sans trouble et sans retour aucun sur ce qui lui avait été dit, à toutes les questions qui ne regardaient point son intérieur ou les grâces qu'elle recevait de Dieu. Sur ce point, elle ne répondait qu'à ceux qui avaient droit de l'interroger, et elle le faisait toujours dans les termes les plus humbles, ordinairement avec ces périphrases : Il me semble, — il se pourrait, — j'ai cru entendre, etc. Un jour qu'au sortir d'une de ses extases, quelqu'un cherchait à lui suggérer des inquiétudes sur ce qui se passait en elle, Laure fit cette réplique ingénue, qui rappelle les réponses inspirées de la Vierge de Vaucouleurs : — Je ne sais ce que c'est ; Dieu le sait, puisque c'est Lui qui le fait ; je ne l'ai ni demandé, ni désiré, je ne puis pas l'empêcher ; tout ce que je sais, c'est que Dieu est bon, et que je suis bien heureuse dans ce moment-là. — Elle eût bien souhaité qu'on la laissât dans son obscurité, seule avec Dieu seul ; mais comme elle ne pouvait rien non plus à ce concours qui avait Dieu pour motif et pour objet, elle savait, selon le conseil de ses directeurs, faire céder alors l'humilité à la charité. Egalement insensible aux blâmes et aux éloges, la paix de son cœur semblait inaltérable. La patience qu'elle déployait dans les souffrances physiques ne l'abandonna pas une seule fois dans les contradictions, les importunités, dans les injures mêmes et les mauvais traitements qu'elle eut quelquefois à subir, car tous les visiteurs n'étaient pas toujours des croyants et des admirateurs. — Parmi ces derniers, eux aussi, quelques-uns se permettaient de la mettre à l'épreuve. Pour s'assurer que ses sens étaient bien réellement aliénés dans l'extase, comme ils le paraissaient au dehors, plusieurs médecins lui firent subir des expériences capables de vaincre l'incrédulité la plus opiniâtre, mais à tous elle paraissait impassible. Le silence et un sourire gracieux étaient sa seule défense.

Cependant, sa santé allait toujours déclinant : ses défaillances étaient plus fréquentes et plus prolongées.

Le 21 décembre 1822, vers le soir, croyant toucher à la fin de son exil, elle fit appeler son confesseur, et lui témoigna le désir d'être assistée par lui jusqu'à son dernier soupir. En effet, l'oppression, la sueur froide et le râle de la mort semblèrent annoncer sa dernière agonie, et le ministre du Seigneur commença, avec les assistants, les prières de la recommandation de l'âme, qu'on ne croyait pas même avoir le temps d'achever. — Tout mouvement cessa, et après une demi-heure, on allait réciter le *De profundis*, quand un léger soupir annonça qu'elle existait encore.

Elle revint donc insensiblement à la vie, mais ce fut pour souffrir toutes les angoisses d'une mort vivante. Ses yeux demeurèrent fermés, sans possibilité de les ouvrir, pendant cinq jours entiers ; les conduits alimentaires se contractèrent de telle sorte, qu'il lui fut impossible d'avaler une goutte d'eau ; et, fait surprenant, ils s'ouvrirent seulement pour la sainte Communion, qui lui fut apportée cinq fois pendant les dix jours de cette agonie prolongée, par une permission particulière obtenue de l'archevêché à la demande du Curé des Missions étrangères.

Que se passait-il alors dans son âme en quelque sorte absente de la terre? — La joie l'inondait au milieu d'intolérables douleurs; et le bonheur de souffrir avec Jésus-Christ surpassait celui de jouir avec Jésus-Christ dans la gloire dont elle croyait déjà voir s'ouvrir les portes devant elle. Sa conformité à la volonté de Dieu ne lui permettait pas de formuler un désir. — Voulez-vous aller au ciel aujourd'hui? lui demandait son confesseur, qui, pour suppléer à la parole perdue, lui avait dit de s'exprimer en serrant la main. — Nul mouvement. — Voulez-vous communier demain? Même immobilité. — Vous aimez donc mieux être privée de ce double bonheur, si telle est la volonté de Dieu? — Alors elle lui serra la main vivement et à plusieurs reprises. Au reste, Notre-Seigneur lui-même ne l'avait pas laissée seule dans ce terrible combat. Elle eut la consolation d'assister, dans une vision intellectuelle, à la naissance du Sauveur, à l'heure où s'offrait pour elle la messe de minuit. Elle vit, au milieu d'une lumière éblouissante, le divin Enfant-Jésus sur les genoux de la très-sainte Vierge, et à côté d'elle le glorieux saint Joseph qui, debout, contemplait ce ravissant spectacle.

Pénétrée de la plus vive reconnaissance des communions si fréquentes qui lui avaient été accordées : — O mon Dieu, dit-elle quand la parole lui fut rendue, qu'il fait bon s'abandonner à vous ; non, plus rien demander, plus rien refuser, plus rien désirer que la volonté de Dieu ! — C'était depuis longtemps son attrait, sa devise pratique. Et elle eut bientôt l'occasion d'en faire l'application la plus généreuse quand, ayant pour ainsi dire déjà un pied dans le ciel, elle en descendit de si bonne grâce pour revenir dans cet exil de la terre, si triste pour tous, mais bien plus difficile à supporter pour l'âme qui a déjà fait quelque expérience des joies de la patrie.

Voici le fait : Le 6 janvier, fête de l'Épiphanie, sa tante lui dit : Je vais faire bénir du linge pour toi à la patronne de Paris, la bonne sainte Geneviève, que tu as toujours tant aimée et vénérée; puis nous commencerons une neuvaine; il faut t'y unir. — La malade comprit parfaitement la pensée de Mme Denys. Elle sourit sans y répondre, et entrant dans le sanctuaire de son cœur, elle se contenta de dire intérieurement à Dieu : — Vous le savez, je ne veux que ce que vous voulez;

la maladie ou la santé, la vie ou la mort; tout m'est indifférent. Elle porta le linge béni avec foi et respect, disant à sainte Geneviève dans sa simplicité : — Surtout, ma bonne sainte, gardez-vous bien d'aller contre les desseins de Dieu, en me rendant la vie.

Depuis, les douleurs cessèrent, l'appétit, le sommeil revinrent, et la malade se trouva guérie, sans autre trace d'une si longue et si terrible maladie qu'une faiblesse extrême, qui disparut graduellement jusqu'au 24 janvier, époque à laquelle elle se trouva en état de suivre le train ordinaire de la vie.

Ce retour à l'existence fut une surprise pour tout le monde, surtout pour les médecins qui avouèrent n'y rien comprendre.

CHAPITRE III

Entrée de Laure à la Congrégation de Notre-Dame. — Retraite. — On l'admet dans la Communauté sous le nom de sœur Marie de Jésus. — Faveurs divines. — Vie commune. — Simplicité, humilité. — Epreuve. — Visites du dehors. — Retraite. — Prise d'habit. — Journal. — Fête du Sacré-Cœur, 21 juin. — Nouvelles grâces. — Saint Louis de Gonzague. — Notre-Seigneur demande réparation des outrages reçus dans le Très-Saint-Sacrement.

Les desseins de Dieu paraissaient accomplis sur sa servante qui était parfaite dans sa voie ; le tableau semblait achevé, disait le pieux abbé Desjardins, qui ne l'avait pas perdue de vue depuis son enfance ; cette âme était comme un clair miroir qui réfléchissait, autant que le permet la faiblesse humaine, tous les traits de la vie cachée et de la vie souffrante de Jésus-Christ, toutes les vertus de son Cœur adorable. Déjà on parlait d'elle comme on parlerait d'une personne morte en odeur de sainteté ; l'on se proposait d'écrire sa vie et de la donner pour modèle à la paroisse qu'elle avait tant édifiée, quand Dieu la rappela à la vie. Que lui restait-il donc à faire sur la terre ? Il lui restait à obtenir, par une vie plus cachée encore, plus pénitente, et toute livrée à Dieu par les vœux de la sainte Religion, l'extension de la dévotion au Cœur de Jésus, la consécration de la France à ce divin Cœur. Et Dieu l'amena dans une maison déjà si dévouée aux Cœurs de Jésus et de Marie, que ses membres y ajoutent par surcroît le vœu de dévouement à ces divins Cœurs ; dans une maison dont la chapelle leur était dédiée, qui devait élever la première église bâtie à leur honneur, et propager partout, par l'établissement du mois du Sacré-Cœur, cette dévotion que Monseigneur de Quélen appelait *le salut de la France.* On conçoit d'ailleurs tout ce que la présence, la parole si modeste et si embrasée tout à la fois de cette âme, devait ajouter de flammes aux flammes déjà si ardentes de ce foyer. Et si toutes les œuvres de zèle sorties de la maison à la gloire du Cœur de Jésus ne furent pas le fait propre de la nouvelle sœur, on peut dire, sans se tromper, qu'elle en fut l'inspiratrice ; qu'elle fut le Moïse élevant les mains sur la montagne, et faisant descendre l'esprit d'ardeur et de sacrifice par lequel s'accomplissent les œuvres de Dieu.

Au reste, dès sa plus tendre enfance, Laure avait soupiré pour la vie religieuse ; et cet attrait, fortifié par une vie si exemplaire et par l'oraison de présence de Dieu qui lui était familière, n'avait fait que croître avec l'âge. Mais la reconnaissance et la piété filiale, jointes à l'autorité de ses directeurs, l'avaient retenue jusque-là.

Désormais, tout semblait pousser cette âme dans la solitude. D'ailleurs, ne lui était-il pas impossible de se présenter à la paroisse sans attirer plus que jamais les regards du public? Assurer le sort de Mme Denys et placer Laure dans l'ordre le plus approprié aux desseins de Dieu sur elle, était donc tout ce qui restait à faire. A la demande du Père Ronsin, notre communauté procura à la bonne tante un abri pour la fin de ses jours. Quand à Laure, avant de prendre un parti définitif, il fallait consulter Dieu dans la retraite et la prière. Le Père Ronsin proposa à notre Révérende Mère Sophie de recevoir sa sainte pénitente pendant quelques jours.

Ce fut le 27 janvier 1823 qu'elle mit le pied sur le seuil de ce monastère qui allait devenir le témoin des nouvelles libéralités de Dieu envers sa servante, et de ses constantes et héroïques vertus. Il serait difficile de peindre la joie de Laure lorsqu'elle se vit enfin à l'abri des regards du monde. Accablée sous le poids de son bonheur, elle ne pouvait l'exprimer que par des acclamations entrecoupées : — Que Dieu est bon ! Oh ! qu'il est bon!

Ses yeux élevés au ciel semblaient deux flambeaux étincelants, et leur expression achevait sa pensée. Un portrait tiré pendant ses extases par l'attention d'une amie de la maison, peut seul donner quelque idée de cette physionomie céleste. Pour achever son bonheur, on lui assigna une cellule qui donnait sur le sanctuaire, et qui s'adossait à l'autel de Celui qui vit avec nous caché dans le saint Tabernacle. On la traita saintement, mais non magnifiquement, car c'était un petit réduit ou grenier plafonné auquel on ne pouvait monter que par une sorte d'échelle. Il devint un ciel anticipé par les faveurs qu'elle y reçut; et plus tard, quand elle fut retenue par ses fonctions à la sacristie, ses sœurs regardèrent comme un privilège de passer leur retraite du mois dans ce lieu béni dont elle leur cédait volontiers l'habitation momentanée, sans soupçonner le moins du monde le double attrait qui leur en faisait solliciter l'entrée.

Il y avait plusieurs jours que Laure n'avait communié quand elle nous arriva, sa convalescence, qui avait tous les caractères d'une guérison parfaite, n'ayant plus permis de lui apporter le Saint-Sacrement. Ce fut donc un bonheur pour elle de pouvoir approcher de la Table eucharistique. Elle s'y présenta avant la messe de communauté, et se retira immédiatement derrière l'autel, pour dérober aux regards les faveurs du divin Epoux qui se montra plus libéral encore qu'à l'ordinaire. Quelques religieuses et un petit nombre de personnes choisies furent les seuls témoins de ses transports extatiques, et se retirèrent discrètement avant qu'elle fût en quelque sorte redescendue sur la terre.

Cependant les lumières répandues dans son âme l'éclairaient de plus en plus sur l'excellence de l'état religieux, et en particulier sur la vertu d'obéissance. Quant au lieu qui devait fixer son choix, rien ne fut plus sage que la conduite du Père Ronsin. Il se contenta d'exposer à sa pénitente le but et la règle de chacun des ordres religieux les plus accrédités dans l'Église; puis, la mettant par la solitude sous l'inspiration de Celui qui s'était fait son maître et son guide, il lui dit simplement de se décider entre Dieu et elle. — Après deux semaines d'examen, de réflexions, de pénitences et de prières, Laure demanda son entrée dans notre communauté. — Ce fut le 10 février 1823, qu'avec le costume des postulantes, elle changea son nom contre celui de sœur *Marie de Jésus*, nom choisi entre mille, nom qui lui rappelait sans cesse les deux objets de son amour; nom doux à prononcer pour ses sœurs, qui virent toujours en elle la copie fidèle de la divine Mère et de son adorable Fils.

Admise depuis ce jour aux exercices de la communauté, elle s'appliqua avant toutes choses à mener la vie commune et à ne se singulariser en rien. Elle venait donc se présenter à son rang, la dernière de toutes les religieuses, à la Table Sainte, puis retournait à sa stalle. Aussitôt elle perdait l'usage de ses sens et jouissait comme à l'ordinaire des faveurs divines sans qu'on pût rien remarquer au dehors, sinon que, ne s'apercevant pas de la fin du saint Sacrifice, elle ne se levait pas au dernier évangile. Au bout de quelques jours et pour éprouver de plus en plus l'esprit qui la conduisait, la Supérieure lui enjoignit de se lever comme tout le monde à l'évangile Saint-Jean. Cet ordre l'embarrassa un peu, sans toutefois la troubler. — Mon bon Jésus, dit-elle simplement à Notre-Seigneur, comment allons-nous faire? Vous m'avez amenée dans la maison d'obéissance, vous savez que j'y suis venue pour obéir; mais je ne puis sans vous. Laissez-moi donc faire ce que ma Supérieure me commande. — Sa prière fut exaucée. Et depuis ce jour l'usage de ses sens lui fut rendu, précisément à la fin de la messe, et juste le temps nécessaire pour exécuter l'ordre reçu. Du reste, elle jouissait avec plus de douceur et d'intensité de la vue intellectuelle et des divines instructions de Jésus-Christ Notre-Seigneur, et de sa sainte Mère, toutes ses puissances demeurant liées et enchaînées par la force du divin amour, de telle sorte qu'elle ressemblait, pour ainsi parler, à un corps inanimé, mû par une force étrangère. Elle communiait à peu près tous les jours, et ressentait même dans la communion spirituelle de semblables effets de grâce. Ordinairement, elle conservait, durant quelques heures après la messe, une impression visible, mais décroissante, de la présence de Jésus-Christ en elle, qui tenait dans le silence et dans le respect toutes les personnes qui avaient affaire à elle. D'autres fois, elle revenait subitement à son état naturel, et demeurait plongée dans une profonde obscurité, le divin Sauveur voulant sans doute lui prouver qu'il est le maître de ses dons et la tenir dans une humble dépendance de la grâce, en lui faisant toucher au doigt son néant.

A peine fut-elle entrée au noviciat, que déjà on admirait en elle, plus encore que les effets extraordinaires de la grâce, tous les traits qui caractérisent les religieuses consommées dans les pratiques et dans les vertus de leur saint état; mais par-dessus tout, une simplicité ravissante et une humilité profonde. Le sentiment sincère de son néant lui dérobant la vue de ce qu'il y avait de bon en elle, pour ne lui laisser apercevoir que ses défauts, lui inspirait un tel mépris d'elle-même, qu'elle ne pouvait s'empêcher de témoigner sa surprise quand on lui donnait quelque marque d'attention. Toujours la sérénité sur le front, le sourire sur les lèvres, elle faisait en quelque sorte partager à toute la communauté le bonheur dont elle jouissait. Aussi était-elle également chérie et révérée de ses nouvelles mères et sœurs. Disons cependant qu'une jeune religieuse, quelque peu incroyante, malgré le témoignage de ses yeux, voulut en venir aux preuves pour bien s'assurer qu'elle ne prodiguait pas sans sujet sa vénération. La pierre de touche de la sainteté, se dit-elle, c'est l'humilité; donc, prenons le soin d'humilier en toute occurrence cette nouvelle sainte. L'expérience ne se fit pas à demi; mais aussi le témoignage n'en eut que plus de valeur, et on pouvait en croire la M. S. I., quand elle disait: — Je suis convaincue; décidément la sœur Marie de Jésus est une sainte; voilà plus d'un an que je m'y prends de toutes les façons, et je n'ai encore pu découvrir en elle ni un signe d'orgueil ni une marque de surprise quand on l'humilie; bien au contraire, c'est la joie et l'action de grâces.

Les merveilles de Dieu en la jeune Laure avaient été, comme on l'a vu, rendues publiques par la naïve surprise de sa bonne tante. Tout le Paris chrétien avait obtenu des entrées de faveur dans l'humble réduit de cette âme privilégiée, au moment ou elle recevait la communion. Lorsqu'on la sut en Religion, ce furent de continuelles demandes de voir la sainte au parloir. Mais notre Mère Supérieure, comme bien l'on pense, ne voulut pas exposer la pauvre enfant à pareille épreuve. Lorsqu'elle était à bout d'expédients pour congédier son monde, et que la qualité des solliciteurs lui faisait une obligation de ne point les éconduire, elle avait trouvé un moyen assez naturel de se tirer de peine. Les gens recevaient leur leçon, et il fallait bien qu'ils s'y conformassent. Ils ne devraient pas dire à la sœur Marie de Jésus un seul mot qui touchât ses communications avec Dieu. On les conduisait à la sacristie, dont elle partageait le soin avec l'officière, et là ils devaient simplement demander à voir les ornements ou les vases sacrés. La sœur Marie de Jésus exposait ces objets avec notre Mère ou avec la Mère Marie-Thérèse, chef d'obédience, qui avait le mot pour couper court à toute question indiscrète. Bien que le faux-fuyant eût été souvent employé, jamais la sœur Marie de Jésus ne se douta qu'elle fût elle-même l'objet de la pieuse curiosité des visiteurs. M. Magnin, curé de Saint-Germain-l'Auxerrois, ce vénérable prêtre qui risqua sa vie pour porter secrètement la sainte communion à l'infortunée Marie-Antoinette, ayant une fois demandé à parler à notre chère sœur, on ne crut pas devoir user à son égard des mêmes précautions. La Mère Marie de Jésus sortit du parloir vivement contrariée, et pria notre Mère de ne jamais plus lui permettre de voir aucun des ecclésiastiques qu'elle n'aurait pas connus avant son entrée dans la maison. — Mais c'est un saint, qu'a-t-il donc pu vous dire qui vous ait déplu ? — Il m'a fait des questions inutiles. — Jamais, en effet, il n'arriva à la sœur Marie de Jésus de dire le moindre mot qui pût rappeler les faveurs qu'elle avait reçues de Dieu. Une fois seulement, à la récréation, quelques années plus tard, une novice ayant dit que les exercices de la plus courageuse vertu devaient coûter peu à quiconque avait eu le bonheur de voir une fois seulement Notre-Seigneur ou la sainte Vierge, la Mère Marie de Jésus, qui était alors en proie aux épreuves les plus crucifiantes, répondit : — Quand Dieu le veut, il sait bien faire perdre jusqu'au souvenir de ses faveurs, et alors on retrouve toute sa faiblesse. — Ce fut la seule allusion qui lui échappa pendant près de trente années de vie religieuse ; encore était-elle si indirecte, qu'il fallait savoir ce qui s'était passé en elle pour la comprendre.

Cinq mois après son entrée dans la maison, la sœur Marie de Jésus fut admise à la prise d'habit. Elle s'y prépara par une retraite dont l'époque ne pouvait être mieux placée ; elle la fit de l'Ascension à la Pentecôte, avec Marie, Mère de Jésus, dans le Cénacle, et avec le Collège apostolique, attendant la descente du Saint-Esprit. Elle avait reçu ordre du Père Ronsin de jeter sur le papier ses dispositions et ses pensées, ce qui explique les détails suivants que nous abrégeons, vu quelques redites, sans rien changer ni au style ni aux expressions.

En entrant dans cette chère solitude, dont le seul nom faisait tressaillir son âme, elle entendit Notre-Seigneur lui dire : « Je veux que tu sois une victime continuellement offerte par l'amour et prête à être immolée en la manière qu'il me plaira, surtout par l'humilité la plus profonde et par la plus parfaite simplicité. » — « Et aussitôt, écrit-elle, je m'offris à mon divin Maître pour être toute immolée à son bon plaisir, pour son amour et pour le salut de mes frères. »

Notre-Seigneur, pour tenir dans l'humilité cette âme qui lui était si chère, lui fit voir un jour l'abîme insondable de la misère humaine, au-dessus duquel son âme était comme suspendue par un fil toujours près de se rompre ; et elle entendit la voix divine lui dire : — « Regarde, et vois combien est petite la distance qui sépare de cet abîme profond la place que tu occupes dans mon Cœur.

A la méditation sur la mort, il lui échappe ce retour qui fait connaître les sentiments présents de son âme, et ceux qui l'avaient occupée pendant sa maladie : « Mourir, mourir d'amour ! O mort précieuse, que de bonheur on goûte à ton approche ! J'en ai fait la douce expérience quand vous me conduisîtes, Seigneur, aux portes du tombeau ! Ah ! je n'aurais jamais pu croire qu'il fût si doux de mourir ! De quelle joie pure vous enivriez mon âme dans ces moments où tout semblait annoncer qu'elle allait paraître devant vous, son Dieu, son juge ! Mais mon âme ne vous voyait que comme un Dieu et un juge plein de miséricorde ; car avec votre amour vous avez mis dans mon cœur le désir ardent de mourir d'amour, et je ne pouvais m'empêcher de vous crier souvent : Mon Dieu, mourir d'amour, oui, mourir d'amour ! — Mais aujourd'hui, Seigneur, par votre grâce, il me semble que ce désir n'est pas diminué en moi. Non, il me semble que plus mon cœur vous aime, plus il désire de vous aimer encore, et de mourir de cet amour. O mort, de quel prix n'es-tu pas à mes yeux ! — Mais j'entends au fond de mon cœur votre voix qui me dit : — « Pour mourir d'amour, il faut vivre dans l'amour, et de l'amour le plus fort et le plus généreux. — O Dieu ! pour arriver là, je ne veux plus que la nature puisse reprendre vie ; non, mon Dieu, plus jamais de nature, plus jamais de moi-même ; mon Dieu seul en tout et partout. »

« Mourir d'amour, reprend-elle, mourir de la mort de ma tendre mère ! Oui, mère du bel amour, c'est ce glaive précieux qui trancha le fil de vos jours. O Marie ! ô ma mère ! obtenez-moi cet amour que je dois à mon Dieu. Si l'amour ne met fin à ma vie, faites du moins que je puisse mourir dans l'amour. O mort d'amour, que tu me fais envie ! tu excites toute mon ambition ! O amour de l'abnégation, amour de la Croix ! ô amour de l'humiliation, amour de la pénitence et de la mortification ! ô amour de la mort à tout moi-même, sois si bien gravé dans mon cœur que tu me procures cette précieuse mort d'amour ! Ainsi soit-il. »

La pensée de son bonheur lui fait faire ce retour charitable sur les âmes peu soucieuses de leur salut :

« Ah ! je ne cesserai de plaindre ces malheureux qui ne vous aiment pas ; plus vous me faites goûter le bonheur de vous aimer, plus mon cœur souffre et gémit sur le malheur de mes frères. Ah ! je ne me lasserai pas de vous conjurer de toucher leur cœur, et de les forcer à vous aimer, ô Dieu de miséricorde, qui ne voulez pas la mort des pécheurs, mais bien plutôt qu'ils se convertissent et qu'ils vivent. O Dieu, oui, qu'ils vivent dans votre amour, pour y mourir et pour y vivre éternellement. »

Le quatrième jour de sa retraite, cette pensée l'occupait encore ; elle écrit : — « Je fis une première méditation sur le *bonheur d'une âme qui aime Dieu*, et je passai tout le temps de mon oraison à gémir sur le malheur de ces âmes qui ne l'aiment point, à supplier le Dieu des miséricordes de les toucher, de les éclairer ; à conjurer mon doux Jésus de leur ouvrir son divin Cœur, ce sanctuaire d'amour, cette fournaise de charité. »

Toujours les âmes perdues étaient le tourment de son cœur ; elle y revenait à propos de tout. A la méditation du ciel, elle écrit encore : « La possession du paradis nous met dans l'assurance, dans l'heureuse impossibilité d'offenser Dieu. Quelle joie ! toujours aimer, plus jamais de péché ! Mais *l'amour n'est pas aimé !* Ah ! cette pensée afflige mon cœur, et je ne puis me lasser de répéter douloureusement : L'amour n'est pas aimé ! Que n'ai-je une voix de tonnerre qui puisse retentir dans l'univers, et je ne cesserais de crier : Amour, amour ! L'amour n'est pas aimé ! On me demanderait peut-être quel est cet amour ? Et je répondrais : — C'est mon Dieu, le Dieu tout amour. »

Notre-Seigneur qui voulait de cet âme un détachement en quelque sorte proportionné aux faveurs dont il la comblait, ne lui souffrait pas la moindre infidélité. Voici comment il lui fit découvrir, au plus intime de son cœur, une de ces imperfections jusque-là cachée à ses yeux, qui semblerait bien excusable à qui ne songe pas combien la divine jalousie est inexorable aux âmes privilégiées. Elle écrit : « Dans ma considération du cinquième jour, sur plusieurs reproches que Dieu faisait à une âme gratifiée de ses plus signalés bienfaits, je fus obligée de quitter tout de suite ma lecture, parce qu'aussitôt Dieu, parlant à mon cœur, lui reprocha vivement ses infidélités, et surtout une attache secrète restée au fond de mon cœur pour une de mes parentes. Il me fit voir clairement que, par cette réserve, mon cœur n'était pas pleinement à lui. Et je fus saisie d'une douleur si vive à la vue de mon ingratitude, qu'il semblait que mon cœur fût comme transpercé par un glaive, à chaque fois que mon Dieu me renouvelait ce trop juste reproche ; ce qui dura près d'une heure et demie. Durant ce temps, prosternée aux pieds de mon crucifix et de ma bonne mère, je les arrosais de mes larmes ; et plus ma douleur redoublait, plus il me semblait aussi que mon Dieu prît plaisir à me faire sentir l'amertume de ses reproches. Il ne cessait de me dire : — Toi que j'ai comblée de tant de grâces, de tant de bienfaits ; quoi, je ne possèderais pas seul ce cœur que je n'ai fait que pour moi et qui a joui de mes tendres caresses ! — Il semblait qu'il me repoussait, ce Dieu de bonté. — Eh bien, Seigneur, lui dis-je, je ne quitterai pas vos pieds que ma Supérieure ne soit venue, et que je ne lui aie découvert les fautes dont je me suis rendue coupable envers un Dieu si bon. »

L'aveu fait à celle qui tenait la place de Dieu rendit en effet la tranquillité à son âme.

Notre-Seigneur lui en donna le gage dans la communion du lendemain.

« Enfin, dit-elle, je vis que mon Dieu ne me rebutait pas, puisque je reçus, dans le banquet eucharistique, les faveurs accoutumées du divin Cœur de mon Jésus ; et lorsque je fus revenue à moi, je ne fus pas privée plus de cinq minutes des effets de sa présence qu'il m'avait retirés, une heure chaque jour, pendant la quinzaine précédente. Alors il me sembla que Dieu s'emparait de moi d'une façon toute nouvelle.

« Par la grâce de mon Jésus, ajoute-t-elle, je n'ai plus d'amour que pour Lui seul, et n'en veux plus avoir d'autre. Eclairez-moi de plus en plus, enlevez de mon cœur tout ce qui peut vous déplaire. N'y souffrez rien, ô mon Dieu ! ôtez-en tout le rien, afin que vous seul, qui êtes tout, y soyez seul, tout seul ; que je vous aime comme les saints et les anges qui sont dans le ciel ; mais surtout que je vous aime par le cœur si pur de Marie, ma tendre Mère. »

Après la confession générale qui précède la vêture, elle écrivit : « Grâce ineffable qui me rétablit dans l'amitié de mon Dieu ! Au moment où le sang divin coula sur mon âme pour laver les péchés de toute ma vie, qui sont sans nombre, je ne puis exprimer ce qui se passa en moi. O miséricorde infinie de mon Dieu, que lui rendrai-je ? Ah ! pour expier mes infidélités, Seigneur, je ne puis que renouveler la donation entière de tout moi-même que je vous ai faite tant de fois. O Dieu, rendez-moi fidèle à cet attrait que votre grâce a formé dans mon cœur pour la mortification et la pénitence ; surtout pour la mort continuelle à moi-même, par cet état d'abandon complet dans lequel vous m'avez établie, me plaçant dans l'impossibilité de former un seul désir, si ce n'est celui d'augmenter dans votre saint amour ; de le voir régner dans toutes les âmes, et de savoir votre divin Cœur aimé et glorifié sans mesure. »

« Le septième jour, » continue le journal, « je fis ma première méditation sur l'*amour de Jésus pour les hommes dans l'Eucharistie*. Mon cœur se dilate en pensant jusqu'à quel excès a été l'amour de notre Dieu Sauveur. Ah ! c'est surtout dans ce sacrement que j'aime à considérer son divin Cœur.... O mon âme, qui le reçois tous les jours, quels ne devraient pas être les transports de ta reconnaissance, quelle ne devrait pas être ta pureté, ta confusion, au souvenir de tes péchés sans nombre ! »

« Mon divin Jésus, quand je vous considère exposé sur nos autels à tous les outrages des impies et des mauvais chrétiens, je demande mille et mille fois pardon à votre amour méprisé. Pardonnez surtout les irrévérences que j'ai eu moi-même le malheur de commettre en votre présence. Ah ! puissent mes yeux devenir deux fontaines de larmes pour les pleurer. O Jésus, il faut bien que vous soyez ce que vous êtes, la bonté même, pour m'avoir soufferte sans respect devant votre divine Majesté, moi surtout que vous aviez bien voulu recevoir comme une victime, et une victime d'amour ! O mon âme, pourrais-tu encore être infidèle ? Mêleras-tu encore ton ingratitude à celle de tant de milliers d'âmes ?

» Mon divin Epoux, pour vous dédommager, je veux vous tenir toujours fidèle compagnie dans ce sacrement ; mon esprit et mon cœur ne vous quitteront plus jamais, lors même que mon corps sera absent, puisque tout indigne que j'en suis, votre attrait puissant me porte sans cesse vers ce divin sanctuaire d'amour, me sentant fortement pressée d'y solliciter grâce et miséricorde pour tant de pécheurs qui ne vous aiment pas. Mon aimable Jésus, faites-vous donc connaître, et ils vous aimeront! S'ils ne vous aiment pas, c'est qu'ils ne vous connaissent pas. Faites-leur voir, faites-leur savoir combien vous êtes aimable. O amour, ô amabilités du cœur de mon Jésus, serait-il possible de vous connaître et de vivre sans vous aimer! Mille et mille fois la mort plutôt, non-seulement que de vivre sans vous aimer, mais que de vivre un seul instant le cœur partagé! Non, mon Dieu, plus de partage, plutôt la mort!

» Le même jour à la messe, me perdant dans la pensée de mon néant et de mon indignité, Notre-Seigneur daigna s'abaisser jusqu'à moi et me placer dans son divin Cœur, où je goûtai des délices et un bonheur qui ne peuvent se rendre. En ce jour, mon Jésus ne me laissa pas un seul instant privée de sa divine présence après que je fus revenue à moi. Et ce que je ne puis comprendre, c'est que mon âme ne se distille pas en cette divine présence comme la cire se fond devant le feu. »

Le septième jour de sa retraite, voulant préparer à l'Esprit-Saint dans son cœur une demeure moins indigne de ce divin hôte, elle essaie de le purifier par un examen approfondi et fait ce retour de conscience, non précisément sur ses fautes, mais sur ses dispositions intérieures; retour qui fait connaître la pureté et la perfection de sa vie :

« Pressée, dit-elle, de jeter un regard sur les dispositions habituelles de mon âme, je conjurai le divin Esprit de m'éclairer et de m'aider à découvrir ce qu'il y aurait encore en moi qui pût tant soit peu lui déplaire, le suppliant de tirer le rideau funeste qui me le cacherait, et ouvrant de tout mon pouvoir les oreilles de mon âme pour écouter la voix de ma conscience et de mon Dieu. Oui, Seigneur, vous daignerez me faire entendre votre voix pendant le cours de cet examen que je fais en votre divine présence.

» Il me semble, ô mon Dieu, que mes dispositions habituelles sont de me tenir toujours en votre sainte présence, reportant sans cesse mes pensées, élevant à tous les instants mon cœur vers vous. Quelque chose que je fasse, il me semble que vous me regardez, Seigneur, et, par cette pensée, je suis avertie de vous renouveler l'offrande de chacune de mes actions.

» Mais où mon attrait particulier me porte sans cesse, c'est aux pieds de mon Jésus, dans le très-saint Sacrement de son amour. Je m'y tiens anéantie, pénétrée de la plus vive reconnaissance ; là, plus je sens ma misère, plus la force et la confiance prennent une nouvelle vigueur en mon âme...

» Maintenant j'examine la pureté de mes intentions dans toutes mes actions, les plus petites comme les plus grandes... entendant par les plus grandes celles qui me rapprochent le plus du bon Dieu.

» Quant à mes dispositions habituelles sur l'obéissance, je vois devant mon Dieu que, par sa grâce, la seule pensée de l'obéissance me donne de la joie et un vrai bonheur, parce qu'en obéissant je suis assurée d'accomplir la volonté de Dieu. — Pour l'humilité, je vois aussi devant mon Dieu que, lorsqu'il permet que j'en puisse faire des actes, j'éprouve le même bonheur que dans l'obéissance. Si le bon Dieu ne m'eût pas mise dans l'impossibilité de rien demander, comme aussi de rien refuser, ah ! je lui demanderais deux choses : la croix et la faveur d'être bien humiliée. »

Le huitième jour de sa retraite, « fut un jour rempli de bonheur et d'une consolation si grande, écrit-elle, que je ne le saurais dire. Dans la communion, je goûtai, comme la veille, la faveur accoutumée dans le Cœur de mon Jésus, mais avec de telles délices qu'il me resta, après être revenue à moi, une vive impression de la présence de Dieu qui me dura toute la journée. Mon cœur en était si fort ému, qu'il s'élançait sans repos vers son Dieu. Je n'étais pas maîtresse de moi-même. En récitant mon office et mon chapelet, je fus souvent obligée de m'arrêter, et je restais là immobile, sans pouvoir rien dire, si ce n'est : Mon Dieu, vous savez tout ce que mon cœur voudrait vous dire ! ».

» Voici, ô mon Dieu, le dernier jour de ma retraite, écrit-elle la veille de la Pentecôte ; mais je me trompe, non, ce n'est pas le dernier jour ; s'il l'est quant à la solitude extérieure, il ne le sera pas pour mon cœur. Je veux dans ce cœur même, établir une retraite continuelle pour me préparer sans cesse à recevoir mon Bien-Aimé. O mon Dieu, je vous demande cette grâce de me tenir toujours dans le plus profond recueillement intérieur. — Que mon âme, toujours unie à son Dieu, ne cesse de s'élever vers Lui, et qu'en me livrant aux occupations que m'imposera l'obéissance, je ne perde jamais sa sainte présence. »

Le jour de la Pentecôte, son âme si bien préparée fut comblée de nouvelles grâces. « Pendant le saint sacrifice, dit son journal, je sentis mon cœur se mouvoir d'une manière toute particulière : il s'enflammait graduellement pendant qu'on chantait le *Veni Creator*. Au moment de la communion, il semblait qu'il était devenu tout en feu. Me reposant dans le Cœur de mon Jésus, ce divin Sauveur me dit : — Comme j'ai voulu que tu me sois une victime offerte par l'amour, je veux que mon amour règne en toi, je veux qu'il te consume. — Et en effet, il semblait que mon cœur ne pouvait plus tenir dans ma poitrine, s'élançant sans cesse vers Notre-Seigneur. Et, tout le jour, j'eus peine à contenir en moi-même le grand feu qui me dévorait. »

C'était le jour de sa prise d'habit, 15 juin 1823. Voici quelques-unes des pensées qui l'occupaient pendant la cérémonie : « J'allais donc être fiancée avec le divin Epoux ; mon âme surabondait de joie, surtout quand notre Mère me donna la croix, en disant : — *Ma fille, la fin de votre entrée en ce monastère doit être d'y porter la croix de de Notre-Seigneur par une continuelle mortification de vous-même.* — Je la saisis bien vite, cette chère croix, et de bien bon cœur. Tout le temps qu'elle reposa entre mes mains, mes yeux restèrent attachés sur mon Sauveur. Il me sembla qu'il me disait : — Eh bien, ma fille, mon épouse, pourrais-tu ne pas l'embrasser de bon cœur, cette croix sur laquelle tu me vois cloué pour ton amour ? Je veux, non-seulement que tu la portes toute ta vie, mais encore qu'elle fasse seule désormais ton bonheur et ta joie. S'il me plaît de t'y attacher fortement je ne veux pas que tu hésites un seul instant. — Et je répondis en pressant cette divine croix : — O mon doux Sauveur, vous savez toutes choses ; oui, je veux la porter de tout mon cœur, cette croix, quelque pesante qu'il vous plaise de me la donner. Oui, mon Dieu, la croix avec toutes ses humiliations, tous ses opprobres, toutes ses amertumes, s'il vous plaît ; par votre grâce, mon Dieu, je serai toujours prête à la recevoir. Je ne vous demanderai rien, mon Jésus, que l'accomplissement de votre sainte volonté, tout étant enfermé dans l'abandon entier que je vous ai fait de moi-même. Soutenue de votre grâce, non, jamais je ne vous refuserai rien. Tout pour tout, mon Jésus, si je puis m'exprimer ainsi ! car, quelle disproportion entre ce que je vous donne et ce que vous m'avez donné ! Mais je ne puis rien vous offrir ni vous donner davantage que tout moi-même. Pour toujours, oui, mon Dieu, pour toujours !

» Et alors, mon cœur pouvait à peine contenir les sentiments de bonheur si grand dont il était rempli. Oh ! que j'eusse voulu que tout le monde qui était présent pût le sentir !

» Pendant que notre Mère me revêtait du saint habit, je ne cessais de conjurer Notre-Seigneur de me revêtir de toutes les vertus qui doivent parer les âmes, surtout de l'humilité ; et non-seulement de l'humilité, mais encore de l'amour ardent des humiliations ; car mon Dieu me faisait comprendre qu'il n'y a que l'humilité la plus profonde qui puisse plaire à son divin Cœur.

Le lendemain, parmi les effusions de son âme, rentrée dans la solitude, remarquons ces paroles dites par Notre-Seigneur à l'oreille de son âme pendant qu'elle cherchait en vain que lui rendre pour tous ses bienfaits : — Tes dettes, jamais tu ne pourras les acquitter. Tout ce que je te demande, c'est toi-même, c'est ton cœur, ton esprit, tes pensées. Et comme tu m'en as fait le don tout entier, je demande seulement que tu le renouvelles, et que tu me laisses le maître absolu de toutes tes puissances, en sorte que je puisse faire ma demeure paisible en toi, sans y trouver jamais aucun obstacle. Je veux te voir anéantie en ma divine présence, dans mon divin Cœur et dans le sacrement de mon amour, où je veux que tu m'adores continuellement. — « Alors, écrit-elle, je renouvelai ma donation dans toute la plénitude de mon cœur, et tout le jour, ravie en la présence de mon Dieu, il me fut impossible, même dans mes oraisons, de dire autre chose que ce mot : Amour, amour ! »

Avec son amour, et comme contre-poids de ses faveurs, Dieu lui découvrait aussi toujours davantage deux choses : — Le fond de corruption caché dans son âme, et la facilité avec laquelle il lui était possible de déchoir. La pensée que l'infidélité pourrait un jour entrer dans son cœur, et qu'elle pourrait payer par l'ingratitude les libéralités divines, lui était un supplice si intolérable que, pour ne pas perdre la confiance, elle conjurait ainsi l'amour de la mettre à l'abri de la vanité sous la sauvegarde de l'humilité. « O mon Dieu ! afin de garder ma confiance, apposez sur mon âme, je vous en conjure, le sceau de l'humilité, afin qu'elle ne puisse jamais se démentir de l'amour pur et sans partage qu'elle vous a juré et qu'elle vous jure en ce moment. Oh donc, que ma vie ne soit qu'une mort continuelle à tout moi-même, pour ne vivre que de l'amour du divin Cœur de mon Jésus! Oui, amour des humiliations, amour des croix, amour de la pauvreté et de la pénitence, de la mortification; amour conduit et dirigé par la plus parfaite obéissance, feront à jamais les délices de mon cœur, puisque vous m'avez choisie, divin Jésus, toute indigne que j'en suis, pour être une victime sans cesse offerte par l'amour.

Après quelques résolutions pratiques, elle écrit au sujet de la mortification et de la vie cachée : « Pour suivre l'attrait fort et puissant qui me presse, je n'épargnerai mon corps en rien, avec permission, et je ne tarderai jamais à faire connaître à mes Supérieures ce que le bon Dieu demandera de moi pour réduire mon corps en servitude. Je m'attacherai plus fortement encore à la mortification intérieure, aimant du plus profond de mon cœur, d'être inconnue et oubliée. Que tout le monde m'oublie! quelle joie! c'est l'un des désirs les plus ardents de mon cœur, et il va toujours croissant. »

Après d'instantes prières pour les âmes en général, pour les élèves, pour la communauté, la sœur Marie de Jésus termine par cette invocation : — O amour divin, ô Jésus! embrasez-moi, consumez-moi, faites de nous toutes autant de victimes immolées à votre divin Cœur.

Peu de jours après sa prise d'habit, le 21 juin, fête de saint Louis de Gonzague, qui tombait cette année-là le vendredi après l'octave du Saint-Sacrement, nous célébrions avec toute la solennité possible, la fête du Sacré-Cœur de Jésus. Ce fut un jour de grâces précieuses pour la nouvelle novice. Non-seulement elle vit le jeune saint dans la gloire, comme elle y avait déjà vu l'aimable saint Stanislas, qu'elle n'appelait que son *bon petit saint*, mais Notre-Seigneur renouvela ses anciennes communications sur la consécration de la France à son sacré Cœur. Il lui répéta distinctement les mêmes paroles et les mêmes promesses qu'il lui avait fait entendre si longtemps et sans interruption, avec ordre de les communiquer à N*** pour en parler au Roi, ce qu'elle fit en effet. Il lui fut encore dit en termes formels : « La France est toujours bien chère à mon divin Cœur, et elle lui sera consacrée. Mais il faut que ce soit le Roi lui-même qui consacre sa personne, sa famille et tout son royaume à mon divin Cœur ; et qu'il lui fasse, comme je te l'ai déjà dit, élever un autel comme on en a élevé un en l'honneur de la France de la sainte Vierge. Je prépare à la France un déluge de grâces, lorsqu'elle sera consacrée à mon divin Cœur. — Eh! quoi, reprit Notre-Seigneur, les outrages faits à la majesté royale ont été réparés publiquement, et les outrages sans nombre que j'ai reçus dans le sacrement de mon amour n'ont pas encore été réparés! On craint de parler au Roi; on craint qu'il ne soit pas disposé à entendre parler de ce double bonheur pour lui, aussi bien que pour sa famille et pour son royaume! Ah! je tiens tous les cœurs dans ma main, et celui du Roi est disposé à faire tout ce qu'on lui demandera pour ma gloire. Tous les jours il en donne des preuves. La demande qui lui a été faite de travailler à la béatification de la Mère Marguerite-Marie Alacoque n'en est-elle pas la preuve, puisqu'il n'a pas mieux demandé? Que N*** parle et il verra. Je prépare toutes choses; la France sera consacrée à mon divin Cœur; et toute la terre se ressentira des bénédictions que je répandrai sur elle. La Foi et la Religion refleuriront en France par la dévotion à mon divin Cœur. — Il lui fut dit aussi que les heureux succès de la guerre d'Espagne étaient dus à la véritable dévotion, et aux hommages rendus par le duc d'Angoulême au sacré Cœur.

Le Père Ronsin fut vivement frappé de cette communication, car il savait qu'en effet Louis XVIII avait ordonné à Monseigneur le grand aumônier de France, de s'entendre au sujet de la béatification de Marguerite-Marie avec le ministre des affaires étrangères, et la sœur Marie de Jésus n'en pouvait absolument rien savoir par une voie naturelle.

Quelques jours après, le 9 juillet, elle eut sur le même sujet de nouvelles lumières. « Etant à l'oraison, le troisième jour de l'octave de la fête de notre bienheureux Père, écrit notre chère sœur elle-même, le sujet qu'on avait lu développait ces paroles : *Bienheureux ceux qui ont le cœur pur, parce qu'ils verront Dieu.* Je commençai bien à faire mon oraison sur ce sujet, l'esprit nullement occupé d'autre chose. Mais tout de suite, je perdis l'usage de mes sens, et je vis, comme de coutume, mon bon Jésus et son divin Cœur, avec ma bonne Mère la très sainte Vierge. Je n'eus cette vue que quelques minutes. Après, je me trouvai dans une espèce de temple qui semblait tout triste et tout sombre ; j'aperçus devant moi, et quoi ? mon Dieu, quelle abomination ! une déesse assise sur l'autel, et une foule de peuple malheureux qui lui rendait ses hommages.

» Le cœur saisi de la plus vive douleur, je m'abîmai dans le plus profond de mon âme, en réparation. Mais que vois-je de plus affreux encore! tout le pavé de ce temple couvert de vases sacrés, de saintes hosties, d'ornements d'église, qui étaient là par terre. Mon Dieu, de quelle profonde tristesse, et dans quelle amertume ne fut pas plongé mon cœur et tout moi-même ! En ce moment j'entends très-distinctement ces paroles de Jésus, le bien-aimé de mon âme : — « Regarde, vois combien d'outrages j'ai reçus dans le sacrement de mon amour, et tous ces outrages n'ont pas été réparés ! — Pour moi, je ne puis dire ce que je ressentis de douleur et d'amertume, en voyant combien l'amour de mon Jésus avait été outragé, et son divin Cœur blessé. — O amour du Cœur de mon Jésus, puissent tous les hommes ressentir vos attraits vainqueurs ! Alors, tous ces outrages seront réparés ; du moins, chacun s'empressera de consoler ce Cœur divin, et de lui rendre un hommage pur. »

A la suite de cette vision, la sœur Marie de Jésus demeura plusieurs jours abîmée dans la plus profonde tristesse, ne cessant de s'offrir comme victime au divin Cœur. Mais ce n'était là encore qu'une goutte du calice d'amertume qu'elle allait boire à longs traits, selon ses fervents et généreux désirs.

Peu de temps après, ayant appris un scandale qui plaçait des âmes jusque-là fidèles à Dieu sur la route de la perdition, elle fit généreusement à Dieu le sacrifice de toutes les consolations qu'elle goûtait à son service, le conjurant avec tant d'instances de les lui garder pour le ciel et de les remplacer par la croix sur la terre, qu'elle fut exaucée.

Il faut ici l'écouter encore, puisqu'elle reçut ordre de raconter par écrit comment le Seigneur répondit à cette généreuse demande :

« Je vais donc, par obéissance, ô mon Jésus ! écrire, toujours sous votre dictée, ce qu'il vous a plu de faire éprouver à mon âme d'amertumes et de douleurs. Je vous le demandais, il est vrai, m'étant offerte en sacrifice comme une victime d'amour, disant et redisant sans cesse : — O mon Jésus ! plongez mon cœur et mon âme dans la tristesse la plus profonde, et dans la douleur la la plus vive ; que je porte sur moi toute l'indignation que méritent les âmes qui vous ont abandonné. Puisque, malgré mon extrême indignité, vous m'avez demandé queje me consacrasse à vous comme victime, me voici. Eh bien ! mon

Dieu, traitez-moi comme votre victime; que je vous sois sacrifiée tout entière; trop heureuse mille fois si je puis adoucir la douleur, et fermer la plaie de votre divin Cœur.

« Ce ne fut pas en vain, continue-t-elle, que je fis cette demande à notre bon Sauveur; car à dater de ce jour je fus privée de toute consolation, surtout dans l'oraison, et après la sainte communion. L'amertume semble s'accroître tous les jours. Sans cesse mon cœur s'élance vers Dieu; il semblerait qu'il dût par ses efforts sortir de ma poitrine, surtout dans les moments qui l'unissent le plus à Notre-Seigneur; mais il semble qu'une main invisible le repousse. Cependant j'avouerai, en toute simplicité, que je sens bien que ce n'est pas par indignation que mon Dieu me repousse, et que ce ne sont pas mes propres péchés qui m'ont attiré cet état de peine. Toutefois, il est tel, et fait à mon cœur une plaie si vive, que je suis par moments sur le point de me trouver mal, car il me semble que Dieu se joue pour ainsi dire de la situation de mon cœur, y allumant lui-même le feu de son amour, et repoussant les témoignages que je veux lui en donner. Les élans de mon cœur sont alors si violents, que je ne puis presque plus les soutenir. Cependant le tout se passe dans le calme le plus profond de mon âme, et aucune inquiétude ne vient troubler la paix dont je jouis. Je conserve la même facilité pour faire mon oraison, et pour m'unir à mon bien-aimé, me tenant toujours en sa divine présence, par l'offrande continuelle de toutes mes actions et de tout moi-même, ne voulant jamais avoir d'autre volonté que la sienne. O divin Cœur de mon Jésus ! dit-elle en finissant, que je demeure toujours en vous. Non, point d'autre demeure ! Quel bonheur de pouvoir vous offrir quelque chose ! Ah ! la Croix, vous le savez, sera toujours bien plus chère à mon cœur que toutes les consolations... Elle ajoute : Je dois vous dire aussi, mon Père, que je sens bien s'accroître le désir, et, il me semble, l'amour des humiliations ; mais je n'en suis pas digne et je n'ose les demander.

« Voilà autant que je peux l'expliquer, la situation et les sentiments de mon âme et de mon cœur. Vivent à jamais les divins et sacrés Cœurs de Jésus et de Marie ! ! »

A l'extérieur, nul ne se serait douté des rudes épreuves de cette âme; toujours même calme, même sérénité; ont eût cru qu'elle continuait à nager au sein des délices.

Ainsi se passa l'année de son noviciat. Au

reste, ce qui faisait l'objet de l'admiration générale en la sœur Marie de Jésus, bien plus que les faits merveilleux opérés en sa faveur, c'était sa constance à garder ce qu'elle avait une fois résolu ; et, entre toutes les vertus religieuses extérieures, la *modestie ;* cette modestie qui, à elle seule, est une prédication et que l'apôtre a signalée en Notre-Seigneur comme l'un des attraits auxquels il était impossible de se soustraire en sa présence. Hors le temps de la récréation, et même alors, nulle ne saurait dire lui avoir vu lever les yeux, et toutes celles qui ont connu la Mère Marie de Jésus ont conservé le souvenir de ce recueillement inviolable.

Une occasion se présenta de mettre cette rare vertu à une épreuve qui, pour toute autre, eût été héroïque. Leurs Altesses Royales : Madame, Duchesse d'Angoulême, et Madame la Duchesse de Berry avaient tant entendu parler de la sainte du faubourg St-Germain, qu'elles souhaitèrent la voir. Les Princesses se firent donc annoncer pour le 2 novembre 1823. — Et votre malade, avait dit Madame à notre Mère, dès qu'elle fut descendue de voiture, où est-elle? — Mais nous n'avons point de malade, répondit notre Mère. — Vous savez bien, votre sainte, — repartit la Princesse.

Or, on avait réuni dans les classes, convenablement ornées et tendues de draperies, les religieuses et les élèves, et l'on avait eu soin de placer la sœur Marie de Jésus derrière une jeune enfant dont leurs Altesses connaissaient les parents. Averties à l'avance, les Princesses, après avoir fait le tour des salles, purent s'arrêter et considérer à leur aise la chère sœur, en prolongeant leurs questions à l'élève. Depuis ce moment, Madame surtout, ne la perdit point de vue ; elle lui adressa la parole. La sœur Marie de Jésus comme aurait fait en pareille circonstance saint Louis de Gonzague ou saint Stanislas, n'avait point cru que la présence des Princesses fût une cause légitime d'enfreindre les règles de la modestie, et elle avait constamment tenu les yeux baissés. Madame s'en aperçut bien et s'approchant une dernière fois : — « Ma sœur, lui dit-elle, vous ne devez pas voir clair, vous tenez toujours les yeux baissés. — Un simple sourire fut la réponse; et la sœur Marie de Jésus sut résister au désir si légitime, non-seulement de voir une princesse, mais, dans cette princesse, l'auguste prisonnière du Temple, la fille du Roi martyr, la fille de ce Roi qui en mourant n'eut pas de vœu plus cher que la consécration de la France au sacré Cœur;

consécration pour l'accomplissement de laquelle la sœur Marie de Jésus semblait avoir été comblée de tant de grâces, et fut dans la suite abreuvée de tant d'amertumes.

CHAPITRE IV.

Profession de la sœur Marie de Jésus. — Ses admirables dispositions. — Le Thabor et le Calvaire. — Epreuves morales. — Souffrances physiques. — Le Père Ronsin. — Extension de la dévotion au sacré Cœur. — Mort du Père Ronsin. — Pie IX. — La Mère Marie de Jésus dirige les personnes en retraite. — Impression produite sur les enfants. — La Mère Marie de Jésus au Noviciat de Corbeil en 1830. — Sacristine. — Placée près des Orphelines. — Maladie. — Mort de la Mère Marie de Jésus.

La fête de la Pentecôte avait amené la sœur Marie de Jésus au pied des autels pour être fiancée au divin Epoux, dans la joie et l'allégresse du Thabor ; la fête du Sacré-Cœur de Jésus, qui était en même temps, cette année, celle du saint Précurseur, 24 juin, reçut ses engagements définitifs, engagements accomplis dans les amertumes du Calvaire ; car Jésus-Christ en voulait faire une victime digne de ce cœur dont toute la vie *s'écoula dans l'amour et dans la privation, dans l'occupation et dans le silence ; enfin dans le sacrifice jusqu'à la consommation* (1). C'était par beaucoup de tribulations que nous n'entreprendrons pas de raconter, que cette âme devait mériter de concourir au grand but de sa mission.

(1) Vie de Marguerite-Marie.

Ecoutons-la une fois encore, ce sera la dernière. Car depuis la profession de la Mère Marie de Jésus, le père Ronsin, cédant enfin au désir qui la pressait de couler désormais sa vie dans l'oubli le plus complet des créatures, lui accorda la grâce tant sollicitée de ne plus rien écrire. La Mère Marie de Jésus ne traça donc plus une ligne qui eût quelque rapport même éloigné à son intérieur, et toute la beauté de cette âme résida désormais entre elle et Dieu dans un secret que l'Eternité seule viendra dévoiler. Mais ses actions nous restent comme le témoignage non équivoque du progrès toujours ascendant de cette âme choisie dans les voies de Dieu.

La sœur Marie de Jésus commence ainsi le compte de conscience qui lui avait été demandé : « C'est sous la dictée de mon bien-aimé, et par la sainte obéissance que je vais rapporter ici la situation de mon âme pendant les jours qui ont précédé, accompagné et suivi le jour si beau et mille fois heureux de ma profession.

» Je passai les premiers jours de retraite dans un état d'anéantissement continuel, ne pouvant comprendre comment mon Dieu daignait me choisir pour son épouse. La pensée de mon indignité, de l'abîme de corruption qui est en moi, de mon impuissance à tout bien sans le secours de la grâce me confondait. Mais aussi l'assurance que la foi me donne que *je puis tout par mon Dieu*, venait aussitôt relever mon âme, et je ne pourrais dépeindre le bonheur intime et profond dont elle jouissait en se voyant si véritablement rien en la présence de Dieu. Ce bonheur est si grand, que si mon Dieu lui-même me demandait auquel des deux je donnerais la préférence, de cet état, ou des jouissances d'une dévotion sensible, je lui répondrais bien vite : — Mon Dieu anéantissez-moi de plus en plus ; et que cette pensée : Je ne suis rien, mais mon Dieu est tout ; je ne puis rien, mais mon Dieu peut tout, reste toujours présente à mon esprit. — Quant à l'état de mon âme, je ne puis exactement le dépeindre, car mon cœur resserré semble être noyé dans un océan d'amertume.

» Mais l'avant-veille et la veille du jour fortuné de ma profession, je les passai dans un état que je ne puis mieux rendre que par la comparaison d'un famélique qui n'aurait pas pris de nourriture depuis longtemps, et à qui l'on viendrait présenter les mets qu'on saurait être les plus à son goût, mais auquel on les retirerait aussitôt. Voilà l'état presque habituel de mon âme à présent ; à chaque moment du jour, mon pauvre et très-misérable cœur est comme transpercé par mille traits enflammés qui sembleraient devoir le consumer, et au moment où il croit pouvoir exhaler toute son ardeur, et s'élancer vers le seul objet de tous ses désirs, il en est aussitôt repoussé par une violence si grande, que mon cœur se sent défaillir et ne trouve presque plus de force pour me soutenir. O amour! mais, mon Dieu, que dis-je? O désir de l'amour, que tu me fais souffrir! Ah! si l'amour est un martyre, le désir d'aimer en est un aussi! O amour, quand te posséderai-je? non pas amour sensible, mais amour effectif, qui anéantisse tellement la nature en moi qu'elle ne revive plus jamais! Car dans les moments où mon bien-aimé me met sur la croix, bien attachée, au milieu de la joie de mon cœur, je sens que la nature se révolte. Toutefois, je sens aussi s'accroître en moi le désir de souffrir encore davantage, et je suis bien souvent prête à dire à mon Dieu : — « Encore plus, Seigneur, encore plus. » — Mais la vue de mon indignité m'arrête, et je n'ose dire que ces paroles : — Mon bien-aimé, voici votre victime, frappez tant qu'il vous plaira, immolez-la, sacrifiez-la à votre amour; ou du moins, que le désir véhément de cet amour me consume!... » Mais qu'il est cruel de désirer d'aimer et de n'aimer pas ! Dans la défaillance continuelle de mes forces où me réduit ce désir, ma consolation est que ce Dieu de bonté a toujours permis que rien n'en paraisse au dehors, grâce dont je ne cesserai de demander la continuité. Oui, mon bien-aimé, toujours souffrir avec vous, mais dans le silence, de sorte que personne ne le sache, que ceux à qui je suis obligée de le dire. »

Dieu voulait en effet de cette âme un amour sans mélange. Un jour que la sœur Marie de Jésus s'animait au combat par l'espoir de la récompense, N.-S. lui dit : « Jusques à quand agiras-tu pour ton intérêt et non pour le mien ? Maintenant sache que je veux de toi plus de générosité et de courage. N'es-tu pas assurée par moi-même de la récompense ? Maintenant que tu vas être mon épouse, l'épouse de mon divin Cœur, je veux que le mobile de toutes tes actions soit l'amour seul, sans mélange d'aucun autre sentiment. — O mon Jésus, je me hâte de vous répondre et de vous dire mes résolutions, quoique vous les sachiez bien, puisque c'est vous qui les formez dans mon cœur. Oui, Seigneur, j'ai résolu de tout faire et de tout souffrir par pur amour. Comme ce sera vous qui agirez en moi, je ne crains rien. Oui, je vous suivrai, quelque part que vous me conduisiez, mais surtout à la croix. Ah! c'est là que vous m'avez reçue pour enfant, pour sœur et plus encore pour épouse. Me contenterai-je de vous regarder? Ne désirerai-je pas d'y souffrir avec mon bien-aimé? Que je ne fasse donc plus qu'aimer votre croix, vos humiliations; que je les savoure comme l'aliment le plus salutaire à mon âme, comme les mets les plus exquis, puisque vous avez voulu que je vous sois une victime toute dévouée par la croix et par l'amour.

24 juin 1824. — *Profession.* — « Le jour mille fois désiré est enfin arrivé! Le voilà qui paraît. O mon âme, oui, c'est aujourd'hui! ô mon Sauveur, c'est aujourd'hui que vous voulez bien me recevoir pour votre épouse, pour l'épouse de votre divin Cœur... Et cependant vous semblez me repousser. Mon cœur vous appelle et vous ne lui répondez pas; ou bien si vous lui répondez, ce n'est que pour le rejeter et pour éteindre le feu que vous-même y allumez. Vous livrez à mon cœur des assauts si terribles et si douloureux que je n'ai plus de force pour les soutenir.

» En effet, je souffrais tellement de corps et d'âme que, même pendant l'auguste sacrifice, je fus bien des fois sur le point de perdre connaissance, et je ne pus m'empêcher de dire à mon bien-aimé ; — A présent, mon Jésus, je le vois bien, c'est sur la croix que vous voulez épouser mon âme. Mais au milieu de cette amertume dont j'étais inondée, le calme le plus profond régnait en moi. Un bonheur bien autre que celui que j'éprouvais autrefois, plus intime, plus réel la remplissait. Pendant que je prononçai mes vœux, mon cœur se dilata enfin ; il était comme transpercé par mille traits enflammés qui retournaient à mon bien-aimé, s'élançant avec toute facilité et ne trouvant plus d'opposition. — De ce moment, anéantie plus que jamais dans le divin Cœur, je m'y reposai dans un calme si doux que je ne croyais plus être sur la terre. Je passai ainsi tout le reste de ce beau jour, sans que le plus léger nuage vînt troubler tant soit peu ce bonheur si suave, si profond, si parfait ; et mon âme ne cessait de s'écrier : « C'est maintenant plus que jamais que je puis le dire : *Mon bien-aimé est tout à moi et je suis tout à mon bien-aimé* pour toujours, pour toujours ; je ne puis me lasser de le dire. Et maintenant ce beau jour ne finira jamais... il durera toute l'Eternité. O Eternité, le grand mot qui dit Eternité, et Eternité d'amour ! Et au fond de mon âme j'entendais cette réponse :

— Oui, c'est pour toujours que je suis ton époux ; mais aussi toi, c'est pour toujours que tu ne dois plus vivre absolument que pour moi, il faut que l'amour seul soit le mobile de toutes tes actions. Je ne te permettrai jamais d'envisager tant soit peu tes intérêts. En quelque état que je mette ton âme et ton corps, tu ne souffriras que dans l'amour, par l'amour et pour l'amour. — Ce que je promis de tout mon cœur, disant à Notre-Seigneur qu'il savait bien que tel était mon désir et la résolution que j'avais déjà prise. »

La Mère Marie de Jésus avait renouvelé à Dieu, à sa profession, cette héroïque prière qu'elle faisait depuis longtemps déjà : « Retirez vos délices, et remplacez-les, Seigneur Jésus, par des amertumes aussi profondes, aussi intimes que les consolations dont vous avez inondé mon âme. » — Elle fut exaucée. Cette âme généreuse fut en effet depuis enveloppée de ténèbres et enivrée d'absinthe, à tel point que son corps ne pouvait soutenir ni la lutte, ni les battements de son cœur ; et tombant en défaillance, elle maigrit à vue d'œil et les plus étranges maux accablèrent successivement jusqu'à la fin de sa vie son corps exténué. Mais les inexplicables joies de ce martyre le lui rendaient plus cher mille fois que toutes les consolations, et elle n'eût pas voulu changer cet état avec celui qui avait précédé.

Jésus-Christ Notre-Seigneur, qui a consommé l'œuvre de notre sanctification, non sur le Thabor, mais sur le Calvaire, a toujours donné aux plus chers entre ses amis la croix et les souffrances, comme dernier gage de son amour. Il prit donc soin de satisfaire l'esprit de pénitence, et l'amour de la croix versé par sa main divine dans le cœur de sa servante. Sans parler de ses peines intérieures qui passent toute description, jamais on ne vit plus la Mère Marie de Jésus sans quelque souffrance physique. Mais, par moment, ses maux redoublaient de telle sorte qu'elle excitait la compassion de tous. Tantôt l'estomac s'ulcérait avec d'incroyables douleurs ; un dégoût insurmontable lui rendait impossible toute alimentation pendant un assez long temps ; ou bien des plaies se formaient à l'extérieur. Une fois, les nerfs du bras se retirèrent avec tant de violence que les os paraissaient déplacés, et qu'il lui fut impossible de fermer l'œil pendant plusieurs mois. Le cœur, la poitrine s'attaquaient successivement ; et d'ordinaire la guérison arrivait aussi subitement que le mal était venu, et sans cause apparente. Les médecins n'y comprenaient rien ; mais pour quiconque observait, il était facile de reconnaître la main du Seigneur, car toujours ces souffrances redoublées arrivaient à point nommé, ou pendant le carnaval, ou à des époques auxquelles Notre-Seigneur avait à souffrir des siens, pour finir avec le carême ou après réparation. Quant à la malade, non-seulement elle était résignée, mais c'était alors que son âme surabondait de joie, et que sa physionomie, toujours calme et recueillie, prenait une expression de bonheur si céleste, si ravie, qu'on ne pouvait se lasser de la contempler. La Mère Marie de Jésus sous le poids de la croix était réellement dans son centre et tout en elle disait sa jubilation. La patience qui lui faisait quelquefois défaut dans le train ordinaire de la vie, ne lui manquait jamais dans la souffrance. Quelqu'un témoignant une fois sa surprise de ce fait remarquable à cette modeste Mère Félicité, notre assistante, dont l'esprit était si éclairé : — « Mais il n'y a rien là d'étonnant, répondit-elle, c'est qu'alors la sœur Marie de Jésus rentre dans la voie passive et crucifiée que Dieu semble lui avoir réservée par préférence. » Tant que la Mère Marie de Jésus pouvait endurer son mal en silence, elle continuait sa besogne accoutumée, sans affectation de courage ; elle réclamait cependant avec simplicité les soulagements qu'elle croyait propres à la remettre ; aussi pouvait-elle souffrir plus longtemps que beaucoup d'autres sous les seuls regards de Dieu. Ce martyre prolongé et si joyeusement accueilli fut, nous avons lieu de le croire, la part que Notre-Seigneur donna à la Mère Marie de Jésus dans l'œuvre qu'il lui avait montrée comme le but de sa vie, et qui toujours occupa son cœur et sa pensée : la consécration de la France au sacré Cœur ; celle du zèle extérieur et actif fut donnée au Père Ronsin (1) ; et ce sera compléter ce que nous avons raconté des communications divines à la Mère Marie de Jésus, que de dire comment ce saint religieux fut l'instrument choisi pour accomplir, au moins autant qu'il était en lui, cette promesse de Notre-Seigneur, savoir : « Que cette consécration serait un jour exécutée, au moins avec ses principales dispositions. »

L'extension de la dévotion au sacré Cœur devint en quelque sorte l'œuvre par excellence du Père Ronsin. Quand il voyait quelque âme inflammable et susceptible de zèle, il lui proposait un vœu de dévouement à ces divins Cœurs, dont il avait lui-même éprouvé les plus salutaires effets. Alors il

(1) Voir sa vie par R. P. Guidée.

ne fallait plus vivre que pour l'extension du règne de Jésus-Christ, pour la gloire de son divin Cœur. Les âmes conquises à ce grand but devaient en attirer d'autres ; il leur en expliquait les moyens, tels qu'ils les employait lui-même : la prière, l'exhortation, la distribution des images, des médailles, des livres, etc. — « Ensuite de préférence, gagnez d'abord au Cœur de Jésus, disait-il, les âmes qui peuvent en entraîner d'autres ; les ecclésiastiques, les grands vicaires ; si vous le pouvez avec respect et discrétion, allez même plus haut encore... car il faut que non-seulement les personnes, mais les villages, les villes et les diocèses soient consacrés au Cœur de Jésus. » Dans cette mission, le père Ronsin employait ordinairement des jeunes gens, des jeunes personnes, les âmes neuves et ferventes, qui, peu accoutumées à pressentir les difficultés, se lancent en vrais enfants perdus à la poursuite d'un noble but dès qu'il leur est indiqué. Et quels succès n'obtint-il pas ainsi !

Le Père Ronsin avait espéré arriver à l'accomplissement complet et solennel du vœu du Roi martyr par l'entremise de l'auguste fille de Louis XVI, et à qui pouvait-on mieux s'adresser? quand la révolution de 1830 lui ôta de ce côté tout espoir, sans ralentir ni son zèle ni sa confiance. Et comme il arrive souvent dans les œuvres de Dieu, la réussite au moins partielle de ce projet vint précisément de l'obstacle qui semblait devoir le faire échouer. Toutes les âmes d'élite qui se trouvaient confiées à la direction du Père Ronsin ayant été dispersées dans les provinces par la révolution, firent fructifier au loin la bonne semence emportée de Paris. Elles avaient presque toutes prononcé ce vœu de consécration au sacré Cœur, qui les engageait à ne plus vivre que d'amour et de dévouement ; elles dirent donc à toutes les âmes qu'elles crurent capables d'entendre ce langage : « Louez le Seigneur avec nous, approchez avec nous du Cœur de Jésus, goûtez et voyez combien il est doux, combien il est bon d'habiter en frères dans ce cœur. » Le zèle les enhardit ; elles osèrent même s'adresser à nos Seigneurs les Evêques, et bientôt ceux d'entre eux qui ne l'avaient pas encore fait, furent heureux de consacrer non-seulement leur personne, mais encore leur diocèse au sacré Cœur. Le concours réuni de toutes ces tentatives amena la consécration d'un si grand nombre de diocèses de France au sacré Cœur, qu'aujourd'hui il est à peu près probable que tous, ou presque tous, sont placés sous ce divin patronage, en attendant l'heure d'une consécration plus solennelle.

Dans la résidence de Toulouse où il fut envoyé en 1834, le Père Ronsin ne respira que pour cette œuvre. Il lui consacrait, avec ses exhortations tous les jours renouvelées, quelque chose de plus efficace encore auprès de Celui qui nous a rachetés par la Croix : le support résigné, silencieux, bientôt joyeux, de la séparation de ces chères âmes dont la Providence l'avait rendu le père à Paris pendant de si longues années.

La Mère Marie de Jésus n'avait pas encore reçu la récompense de ses souffrances et de son amour, quand le père Ronsin fut appelé aux joies éternelles. A cette heure dernière la gloire du sacré Cœur lui faisait oublier ses souffrances jusque dans l'agonie. Il était préoccupé de la réimpression d'un opuscule sur le sacré Cœur, et nous faisait écrire lettres sur lettres pour en hâter la publication. Toutes ses pensées se tournaient vers le Cœur de Jésus. « Oh ! qu'il est bon, qu'il est doux, disait-il, de pouvoir transformer ses petites peines en mérites et ses maux en biens, en les unissant, en les offrant au sacré Cœur. » — Quand ses douleurs devenaient plus vives et plus aiguës, on le voyait, sans proférer la moindre plainte, jeter les yeux sur un tableau de Notre-Seigneur montrant son Cœur, sourire doucement, puis prendre son bréviaire et en lire quelques lignes avec une ferveur admirable. Il a souvent exprimé aussi combien il était heureux de souffrir un peu pour le salut des âmes. Cette dernière pensée, celle du sacré Cœur et de la sainte Communion, qu'il avait le bonheur de recevoir tous les jours, ne l'ont guère quitté pendant sa maladie, même dans les moments où il paraissait en proie à une sorte de délire. Alors encore, pour le ranimer, il suffisait de prononcer devant lui le nom du sacré Cœur de Jésus, et ses lèvres presque glacées ne cessaient de le redire. Durant les quelques jours d'une fièvre ardente qui ont précédé sa mort, il s'échappait parfois de sa chambre et cherchait à sortir de la maison, en disant qu'il voulait aller à Rome, qu'on ne pouvait lui en refuser la permission, afin de rappeler au Souverain Pontife que la dévotion au sacré Cœur sauverait le monde entier, si une nouvelle bulle, de nouvelles faveurs émanées du Saint-Siège fixaient de nouveau, et plus particulièrement, l'attention des fidèles sur les trésors de grâces renfermés dans ce divin Cœur.

Ne semble-t-il pas que le Père Ronsin eût

deviné tout ce que le cœur de Pie IX, à peine intronisé, offrirait de sainte conformité et de dévouement au Cœur de Notre-Seigneur ? Et ce fut avec une douce émotion que les amis du bon Père firent, peu de mois après sa mort, le touchant rapprochement entre son pieux délire et la première allocution du Saint-Père à l'ouverture de la station quadragésimale. Entouré des prédicateurs du Carême, le Souverain Pontife donna l'essor aux pensées intimes de son âme, et déclara dans les termes les plus formels son dévouement sans bornes, et son imperturbable confiance dans le sacré Cœur, exhortant ceux qui l'écoutaient à se revêtir de Jésus-Christ, et surtout à entrer *dans les sentiments adorables de son divin Cœur*, sentiments que Sa Sainteté exposait avec l'ineffable charité de son âme à la fois si douce, si humble, si ferme, qui subjugue quiconque s'en laisse pénétrer, et enchaîne jusqu'au mauvais vouloir des ennemis les plus déclarés. Nous pouvons donc bien le penser : si le père Ronsin n'a pas fait le voyage de Rome, son bon ange a pris soin de déposer dans l'âme du Souverain Pontife le dernier vœu de son cœur.

Esquissons maintenant en quelques traits ce qui nous reste à dire de l'âme d'élite qui avait pour ainsi dire été placée sous la direction du père Ronsin pour s'enflammer au foyer qui brûlait dans l'âme du saint religieux, et pour allumer en même temps en lui de nouvelles ardeurs envers le Cœur de Jésus.

Quand les premiers empressements d'une vénération à laquelle se mêlait beaucoup de curiosité furent tombés, les supérieurs crurent devoir permettre aux personnes pieuses qui venaient faire ici des retraites, de consulter la Mère Marie de Jésus. C'était pour elle une œuvre de zèle, et elle s'en acquittait avec autant de simplicité que de tact et de prudence. Dieu lui donnait alors comme par surcroît ce qu'on n'eût été en droit d'attendre que d'un esprit cultivé et d'une personne qui eût vécu dans un monde choisi. La plupart de ses dirigées appartenaient à la plus haute société, et toutes admiraient qu'elle possédât, comme d'instinct, avec la science de Dieu, celle du savoir-vivre : c'est que rien ne ressemble plus à l'exquise politesse que l'exquise humilité. Accoutumée à parler à ce qu'il y a de plus grand dans le Ciel, Jésus et Marie, la Mère Marie de Jésus n'était embarrassée avec personne. Sa conversation était un composé de sainteté, de réserve et d'aisance qui n'appartenait qu'à elle. Dès que l'utilité et l'édification avaient rempli leur office, elle brisait là, et retournait à ses occupations. Jamais l'œil le plus clairvoyant n'aperçut, jusqu'au dernier jour de sa vie, l'ombre d'un abus dans ses rapports avec les personnes pieuses qui lui avaient donné leur confiance. Elle profita de son ascendant sur les âmes pour inspirer à toutes une ardente et solide dévotion envers le Cœur de Jésus dont elle avait reçu tant de faveurs. Pour y parvenir, elle disait peu, et se contentait d'incliner les âmes à la prière dans ce but. Il nous souvient d'une retraitante, avancée en âge, qui, tout d'abord, lui ferma la bouche, disant qu'il était trop tard pour elle, et que les nouveautés ne lui allaient point. C'était une infatigable diseuse de prières vocales ; elle en était accablée, et bien que son âme succombât sous ce poids, toute la rhétorique de la Mère Marie de Jésus avait échoué quand elle avait tenté la réforme sur ce point, et plaidé la cause de l'oraison mentale et du dévouement au sacré Cœur : — Au moins accordez-moi une grâce, dit la pauvre directrice : Sans rien ajouter, sans rien retrancher à vos dévotions, et seulement pendant les neuf jours de votre retraite, demandez à Notre-Seigneur, au moment de la consécration de la messe, de vous faire comprendre les avantages de la dévotion au sacré Cœur. — Ce point lui fut concédé, et, à la fin des saints exercices, Madame de***, toute changée, toute transformée par ce pieux artifice, ne pouvait assez remercier la bonne Mère qui avait persévéré à la faire entrer malgré elle dans la voie sûre, facile et miraculeuse ouverte par le Cœur de Jésus. Sa jeunesse fut réellement renouvelée comme celle de l'aigle ; elle goûta désormais l'oraison et fit dans la vie intérieure des progrès admirables, vérifiant ainsi en sa personne les promesses de Jésus-Christ à ceux qui se consacrent à son Cœur.

Il est notoire que la Mère Marie de Jésus avait un don tout spécial pour guider les âmes, pour les consoler et pour leur rendre la paix. Parmi ses dirigées se trouva entre autres une aimable jeune personne, M. de K***, qui était en proie depuis assez longtemps à la plus cruelle des épreuves : le désespoir du salut. Rien ne semblait pouvoir la tirer de la morne tristesse qui s'était emparée de son âme. Le R. Père Varin et, avec lui, les plus habiles, les plus saints confesseurs avaient essayé vainement de la rassurer. Souvent la Mère Marie de Jésus, pour qui elle avait une grande vénération, était venue la consoler. Un jour enfin, après une longue conversation avec la pauvre affligée, elle remporta la victoire. M. de K*** recouvra subitement la confiance et la joie. Une personne qui l'aimait lui témoignait son bonheur et sa surprise d'un changement si subit. — Oui, répondit M. de K***, désormais je serai gaie et joyeuse comme les autres.

Ce qu'il y avait d'admirable dans la direction de la Mère Marie de Jésus, c'est que, sans avoir connu le monde, sans avoir été à même de se rendre compte des difficultés qui s'y présentent, surtout dans certaines positions élevées de la société, elle y appropriait admirablement ses conseils. Il semblait que Dieu lui mît sur les lèvres jusqu'aux expressions convenables. Si bien, qu'on se demandait involontairement : — Où donc a-t-elle puisé ses lumières, cette éloquence du cœur qui persuade ? — Pour se faire une idée de l'impression qu'elle produisait sur les gens du monde, il faudrait en avoir fait l'expérience, nous disait une personne qui avait été à même d'en juger. Et ce n'était pas seulement de la dévotion qu'elle s'attachait à nous inspirer ; avant tout, elle voulait qu'on s'attachât aux devoirs de son état, de sa position. Si Dieu bénissait ainsi les paroles de la Mère Marie de Jésus, c'est qu'elle lui laissait toute la gloire des œuvres de zèle qui lui étaient confiées, car il n'y avait point de place en son âme pour la moindre recherche personnelle.

Malgré une certaine vivacité de tempérament dont elle savait racheter les saillies au moment même qu'elles éclataient, et avec une générosité qui confondait, la conduite de la Mère Marie de Jésus, dans le cours ordinaire de la vie, était d'une parfaite édification. Ce qu'il y avait de plus pauvre, de moins commode, la dernière place partout, ou bien quelque lieu retiré où elle pût demeurer cachée, sans affectation aucune cependant ; c'était toujours, à l'entendre, ce qui l'accommodait le mieux. Elle s'y prenait si bien pour le faire croire, ou du moins cette manière d'envisager les choses était tellement passée chez elle en nature, qu'on eût craint de contrarier ses goûts en essayant de la mieux partager. Ainsi, à la récréation, durant les dernières années de sa vie encore, elle se plaçait d'ordinaire près des novices. Silencieuse, toute unie à Dieu, si ses jeunes voisines venaient à s'oublier dans le feu de la conversation, et lui faisaient excuse de leur gaieté bruyante : — Riez, riez, mes enfants, disait-elle ; vous me faites plaisir. — Lorsqu'on lui adressait la parole, elle était toute à vous, de l'air le plus gracieux et aussi longtemps qu'il vous plaisait ; mais il était rare qu'elle entamât la conversation. Lorsqu'elle parlait, c'était le plus souvent de Dieu ou de ce qui pouvait intéresser la communauté qu'elle aimait tendrement.

C'était par esprit d'humilité et d'obéissance à la règle que la Mère Marie de Jésus se livrait au travail avec une constante assiduité, non-seulement aux heures qui y sont consacrées, mais aux récréations. On ne lui vit jamais perdre une minute de temps, car à ses yeux toutes les heures du jour appartenaient à Dieu et à la communauté. Donnée en aide au travail des petites, elle fut pour les enfants une leçon muette que beaucoup emportèrent comme un des enseignements les plus pratiques qu'elles aient reçus dans la maison. — « Je l'ai connue deux ans entiers, dit une de ses sœurs, autrefois élève ; mes impressions d'enfant de onze à douze ans sont encore toutes vivantes. Je la vois encore retirée à l'extrémité de la salle d'ouvrage. On eût dit qu'elle cherchait à se mettre le plus bas possible. Là elle raccommodait avec une activité silencieuse nos accrocs de chaque jour. Si elle avait un mot à nous dire, c'était toujours à demi-voix et avec de douces paroles. Sans gronder, elle savait nous faire rougir du désordre de notre toilette, et l'on craignait de se présenter le lendemain devant elle en pareil état. Pleine de déférence pour la maîtresse qui présidait, elle prenait rarement la parole, se contentant d'appuyer une réprimande générale ou de se faire caution pour les coupables. Elle m'édifiait, me faisait du bien ; j'aimais avoir affaire à elle ; et souvent, pendant les heures de travail, mes regards se portaient de son côté comme vers la personnification la plus fidèle de l'union d'une âme avec Dieu. L'imagination n'était pour rien dans cette impression, puisque j'ignorais, complètement dans ce temps-là, les faveurs qu'elle avait reçues. »

On ne sera point étonné de l'effet produit par la Mère Marie de Jésus sur les enfants, car elle portait le cachet de sainteté que Dieu imprime sur le visage de ses saints. Parler de l'expression de paix et de bonheur qui éclatait sur sa physionomie ne serait pas assez ; son sourire ne ressemblait à aucun autre, et il restait habituellement dans son regard comme un rayon de cette lumière céleste qu'il lui avait été donné d'entrevoir. Tout en elle témoignait de la joie de son cœur. On aimait à la regarder, et en la contemplant on se disait : *Dieu est là, Dieu a passé par là.* Le R. P. Varin, dont la modestie religieuse était si remarquable, avait coutume de dire, en parlant de la

Mère Marie de Jésus : « C'est sans comparaison » comme la sainte Vierge ; non-seulement on peut, » mais on doit la regarder, car ce n'est pas une » physionomie de la terre. »

On sentait que le silence même de cette sainte religieuse était un langage, qu'elle avait à qui parler dans son recueillement, et c'était un vrai plaisir de la rencontrer. Les novices, placées momentanément à Corbeil après la révolution de 1830, comptèrent parmi les privilèges dont elles furent gratifiées, la présence et l'exemple de la Mère Marie de Jésus. Elle voulut partager tous leurs exercices, surtout ceux qui entraînaient quelque fatigue. Refuser sa coopération eût été l'affliger. Elle savait même s'arranger de façon à devancer les novices, excitant ainsi par son assiduité l'émulation des plus humbles emplois, et des plus mâles vertus.

Revenue à Paris, elle fut encore placée à la sacristie, fonction qu'elle avait remplie à Corbeil et qu'elle ne quitta qu'un an avant sa mort. Elle savait apprécier son bonheur dans cet emploi qui nous assimile aux anges, et qui nous met en rapports non interrompus avec le Dieu caché. — Oh ! combien Notre-Seigneur est bon pour moi, disait-elle ; après la messe, quand je vois mes compagnes qui sont obligées de quitter Notre-Seigneur, et que moi, il me garde là pour remplir ma charge autour de lui, pour être sa petite servante, je ne sais comment le remercier ; et quand je lave les linges d'autel, que je presse entre mes mains le sang de Jésus-Christ, je suis si heureuse, que je n'ai point de paroles pour le lui exprimer. — Vraiment, il n'y a pas moyen de vous oublier ; quand on est à l'église, disait la Mère Marie-Anne à la Mère Marie de Jésus, dans la dernière maladie de celle-ci, on vous y voit toujours, vous y étiez comme un des meubles du lieu saint. — Oh oui, répondit la mourante ; c'est une grande grâce que Notre-Seigneur m'a faite, et je l'en remerciais encore ces jours-ci. Je lui disais : — Mon bon Maître, vous savez bien qu'autant qu'il a été en moi, je n'ai jamais mis de négligence à la parure de votre sanctuaire, aidez-moi donc à bien parer mon âme pour aller au-devant de vous.

Tout ce qui touchait à Notre-Seigneur, à son culte, à la Religion, animait son ardeur et sa foi. Parlait-on des triomphes de l'Eglise, sa figure devenait radieuse ; de ses épreuves, la douleur se peignait dans tous ses traits. Elle pouvait dire à Dieu, elle aussi, avec vérité : *Le zèle de votre Maison me dévore, et les opprobres de ceux qui vous outragent retombent sur mon cœur.* Les accidents involontaires eux-mêmes, en ce qui touchait la divine Eucharistie, la trouvaient on ne peut plus sensible. Laissons-la parler elle-même : — « Un jour, quelle action de grâces je fis ! jamais je ne l'oublierai. Le prêtre, en donnant la sainte Communion, laissa tomber par terre une hostie. J'étais tout près et je m'en aperçus. Aussitôt j'allai me mettre à genoux devant cette sainte hostie, et j'y restai jusqu'à ce que toutes les personnes qui étaient dans la chapelle étant parties, le prêtre vint la remettre dans le saint ciboire. Pendant ce temps, je regardais Notre-Seigneur, là, dans un coin, dans la poussière ! Puis, je le regardais dans mon cœur, ne sachant où il était le plus mal placé. »

La veille, le jour des solennités de l'Eglise, la jubilation éclatait dans tous les mouvements de la Mère Marie de Jésus ; mais de toutes les fêtes, c'étaient celles du Sacré-Cœur et du Saint-Sacrement qui parlaient le plus à son âme. Dans le monde, l'adoration perpétuelle avait été son grand attrait ; et pendant de longues années elle regretta que cette salutaire dévotion n'existât point dans les paroisses de Paris. Son établissement était un des objets habituels de ses vœux et de ses prières ;

elle les redoublait surtout en présence des fléaux que subissait la France. Quand enfin M. l'abbé de la Bouillerie, depuis évêque de Moulins, eut obtenu du Saint-Siège cette faveur qu'elle avait tant souhaitée, la Mère Marie de Jésus fut au comble de la joie. Mais le Seigneur y mêla une épreuve véritable pour elle. L'époque fixée pour la première adoration dans notre chapelle fut précisément celle d'une crise violente de la maladie de cœur qu'elle portait constamment avec ses autres maux. Elle passa donc à l'infirmerie les trois jours pendant lesquels le divin Maître resta exposé sur cet autel, dont la parure eût été pour elle un soin si doux en ces jours de grâces signalées. Elle ne put ni visiter le Saint-Sacrement ni communier. Mais la soumission à la volonté de Dieu ne lui permit pas d'exprimer un regret, et l'on ne vit pas même un nuage sur sa figure. Une fois qu'on la plaisantait d'avoir si bien choisi son temps, pour être malade, elle répondit, le sourire sur les lèvres : — Le bon Maître sait bien ce qu'il fait ! Il faut convenir qu'il s'est joué de moi ; enfin, ici ou là, c'est toujours Lui.

Celui qui aime Dieu, comment n'aimerait-il pas son prochain ? Pour la Mère Marie de Jésus, ce prochain, c'étaient d'abord ses mères et ses sœurs.

Elle eût voulu se multiplier pour les obliger toutes ; son dévouement ne connaissait point de bornes et ne faisait nulle acception de personnes. Le travail, la fatigue, la faiblesse de sa santé n'étaient point un obstacle pour elle quand il s'agissait de secourir les autres. Le corps et l'âme avaient part à son charitable zèle. Elle désirait, elle demandait à Dieu l'avancement spirituel, la perfection de ses sœurs comme la sienne propre ; souvent elle nous encourageait à ne négliger aucun effort, aucun sacrifice pour arriver à la perfection propre de notre sainte vocation, au degré de grâce et de gloire que Dieu daigne destiner à chacune dans sa miséricorde. Elle ne pouvait voir souffrir quelqu'un, de quelque façon que ce fût, sans lui venir en aide selon ses moyens. Rendre service était pour elle un besoin, un bonheur. Si quelqu'une de ses sœurs étaient indisposée, elle ne se laissait jamais devancer pour lui rendre les petits soins que réclamait la charité ; mais de si bonne grâce, avec des paroles si douces, qu'on ne pouvait douter que le cœur fût de la partie. Comme une malade entr'autres se plaignait des longues insomnies que lui causait son mal, la Mère Marie de Jésus lui promettait d'ordinaire de prier ses chères âmes du purgatoire, « expédient qui jamais ne manquait son effet, » dit la Mère R***.

Il ne mourait pas une religieuse que la Mère Marie de Jésus n'accourût à son chevet pour la consoler, l'encourager, l'exhorter, avec cette éloquence du cœur qui fait perdre jusqu'au sentiment de la souffrance, fonction de zèle dont hérita après sa mort l'excellente Mère Marie-Anne.

Tout ce qui était œuvre de charité trouvait la Mère Marie de Jésus toujours prête ; et la vivacité de sa foi venant en aide à son excellent cœur, jamais elle n'était à bout de ressources. En récompense de son active charité, Dieu lui faisait quelquefois part de ses desseins sur les âmes qu'elle assistait à l'extrémité, comme il fit, ainsi que nous l'avons dit dans la vie de Maria de la Fruglaye, au moment où elle fut administrée ici, n'étant encore que pensionnaire en chambre.

Un fait d'une autre nature nous frappa singulièrement : Un soir, au milieu du souper, La Mère Marie de Jésus, qui jamais ne trouvait qu'il y eût raison suffisante pour demander dispense d'un exercice général ou pour l'abréger, se sent comme invinciblement pressée de quitter le réfectoire et d'aller à la chapelle. Elle expose le cas à notre

Mère et part. A la porte de la chapelle et dans la petite cellule qui la précédait, elle trouve une religieuse qu'une hémorrhagie de poitrine avait saisie subitement, et qui, en l'apercevant, trouva la force de lui dire : — « Ah ! chère Mère, je priais mon bon ange de vous envoyer. »

Ce fut surtout auprès des orphelines élevées par la maison, que la Mère Marie de Jésus se trouva comme dans son centre. Aux vacances de 1852, notre Mère lui avait ôté cette charge de sacristine qui lui était si chère et qu'elle occupait depuis le premier jour de son entrée dans la maison, et la plaça comme aide auprès de la Mère maîtresse des orphelines. La Mère Marie de Jésus ne parut ni surprise, ni affligée de cette disposition ; elle servait le maître, elle servait les enfants avec le même zèle. Cherchant à leur être utile pendant le travail manuel dont elle était chargée, elle préparait chaque jour avec soin les lectures, les réflexions précises dont elle pouvait accompagner cet exercice. Elle ne s'en fiait pas à elle seule, et venait demander conseil à la bibliothécaire avec la simplicité d'une novice. Aussi douce que ferme dans sa manière d'être avec ces chères enfants, elle avait gagné leur cœur d'autant plus facilement; qu'il leur était aisé de juger qu'elles possédaient le sien. Elle les soignait et leur parlait avec une affection qui ne permettait pas le doute sur son entier dévouement. Le jour, la nuit, en santé. en maladie, elle était toute à elles ; et cependant elle souffrait cruellement elle-même pendant cette année qui fut la dernière de sa vie.

Elle ne vivait à peu près que de lait et de fromage blanc, seul aliment que pût supporter son estomac. Elle maigrissait à vue d'œil, et ne pouvait plus se traîner, lorsqu'enfin il lui fallut céder au mal. Elle avait voulu attendre encore les prix de ses chères orphelines ; aussitôt qu'ils furent distribués : « Je viens me remettre entre vos mains, dit-elle à la Mère infirmière, car je n'en puis plus. — Elle comptait bien cependant ne pas demeurer oisive ; aussi apporta-t-elle son ouvrage, et tant que ses forces le lui permirent, elle continua de travailler. Unie à Dieu dans une paix profonde, souvent elle jetait les yeux sur une petite image du sacré Cœur brodée en soie, qu'elle avait placée près de son lit. C'était une précieuse relique ; car elle avait appartenu à l'un des prêtres massacrés aux Carmes et portait les traces du sang répandu par le martyr.

Cependant comme le Père Renault donnait cette année-là (1853) une retraite générale à la communauté, elle voulut en profiter, et se rendit comme elle put à l'aide d'un bras aux principaux exercices. Notre Mère, l'étant allée voir, lui avait dit : « Eh bien ! ma Sœur, puisque vous ne pouvez plus remplir votre obédience, je vous donne une charge d'un genre nouveau, celle de souffrir pour toute la maison. — Cette idée la ravit, car la Mère Marie de Jésus aimait affectueusement la communauté, et toujours cette qualité de victime consumée à la gloire des divins Cœurs faisait sa joie dans ses épreuves. Elle disait à tout le monde sa bonne fortune : — « Voyez donc, quel bonheur ! souffrir par obéissance, et remplir un emploi sans rien faire. — Personne n'était plus facile à soigner que la Mère Marie de Jésus. Jamais elle ne se plaignait ; elle trouvait bon et bien tout ce qu'on faisait pour la soulager, et remerciait les infirmières avec effusion de cœur. — Oh ! comme je suis bien, comme vous me gâtez ! leur disait-elle. — Mais, ma Mère, ce n'est pas difficile, vous êtes contente de tout. — Comment ne le serais-je pas ? vous faites pour le mieux.

Sa maladie dura cinq mois. Dès le début, elle prévit, comme tout le monde, que ce serait la dernière. Cette pensée faisait sa joie. Elle arrivait donc enfin à ce port tant désiré, loin duquel sa guérison l'avait rejetée à la vingt-cinquième année de son âge. — Mais si le bon Dieu vous rendait la santé ? lui disait-on. — Il faudrait bien l'accepter ; mais il sait que le sacrifice serait immense. — Toujours elle avait désiré faire son purgatoire sur la terre. — Ne vaut-il pas mille fois mieux souffrir en ce monde que dans l'autre ? Après avoir vu Dieu, l'humanité de Notre-Seigneur, la sainte Vierge, mon bon Ange, notre bienheureux Père, en être éloigné pour une heure seulement, quel supplice ! — Aussi accueillait-elle les souffrances physiques et morales qui l'accablaient comme une déduction de ses dettes.

Ce fut le 8 décembre, fête chère à son cœur, et plus d'un mois avant sa mort, qu'elle reçut les derniers sacrements. La joie rayonnait sur son visage. Chacun s'empressa de la visiter, car on croyait que ce serait pour la dernière fois. — Vous êtes bien heureuse, lui disait-on. — Oh ! oui, répondit-elle, heureuse surtout de mourir religieuse, car c'est aux prières de mes Mères et Sœurs que je dois les grâces que Dieu me fait, et elles sont vraiment ineffables. Le ton, l'expression de sa voix ajoutait encore à ses paroles.

Quelques jours après, elle eut une crise si violente, que l'aumônier fut appelé à huit heures du soir pour lui donner l'indulgence de la bonne mort. La communauté était agenouillée autour d'elle. Il lui était impossible de prononcer une parole, mais elle eut un sourire gracieux pour chacune des religieuses qui s'approchèrent successivement de son lit avant de retourner à leurs différentes fonctions, et son visage radieux avait l'expression du portrait peint dans l'extase.

Elle se remit de cette secousse, pour souffrir plus d'un mois encore, avec la même patience, mais non toujours avec la même joie sensible, Dieu voulant sans doute augmenter ses mérites et lui faire part de la douloureuse agonie de son divin Fils.

Cependant Madame la duchesse de Narbonne, un des témoins des faveurs reçues par la Mère Marie de Jésus, avait autrefois demandé avec instances qu'on lui cédât les restes de celle qu'elle vénérait comme une sainte ; elle se proposait de les réunir à la sépulture de sa famille. Bien des années écoulées depuis avait fait oublier et la demande et l'espèce d'engagement pris à l'époque où l'on croyait que la jeune Laure n'avait plus que peu de jours à vivre, mais Madame la duchesse de Narbonne en avait gardé fidèle mémoire. Dès qu'elle avait su la maladie de la Mère Marie de Jésus, elle était venue par deux fois rappeler qu'à elle appartenait le corps après décès. Notre Mère ne craignit pas d'exposer plaisamment la difficulté à la Mère Marie de Jésus en présence de notre Supérieur. Ce fut pour l'une et pour l'autre un sujet d'hilarité. La malade trancha le différend. — Etant religieuse, personne n'avait plus de droits sur elle, et c'était bien justice qu'elle habitât même sépulture avec ses Mères et ses Sœurs tant aimées, et qu'elle se reveillât au dernier jour en leur compagnie. — Allons, je le vois bien, dit en riant M. l'abbé Surat, vous ne voulez aller dans le monde ni pendant votre vie, ni après votre mort.

La Mère Marie de Jésus avait été transportée dans une chambre séparée. Cette solitude qui lui donnait plus de facilité pour s'entretenir avec l'unique objet de son amour, fut pour elle un vrai bonheur. Elle conserva jusqu'au dernier soupir sa présence d'esprit, reconnaissant chacune de nous, et adressant encore à l'occasion un mot d'amitié et d'édification aux visiteurs. La bonne sœur Isidore, qui la soignait plus habituellement, ayant elle-même gardé le lit pour une indisposition, la Mère Marie de Jésus s'informa avec intérêt de sa santé, et lorsqu'elle la vit reparaître, elle lui fit signe de l'embrasser, et lui passa la main sur la tête, disant : « Oh ! ma chère petite sœur, que je suis contente de vous revoir, quel bonheur ! — Et vous, ma Mère où en êtes-vous ? souffrez-vous toujours autant ? — Non, répondit-elle, voyez-vous, à présent je m'éteindrai comme cela, j'en ai bien pour la fin de la semaine. Ce sera pour samedi ou pour dimanche au plus tard. » En effet, le dimanche, à quatre heures, M. l'aumônier qui l'avait régulièrement visitée, fut appelé pour lui appliquer l'indulgence de la bonne mort, et elle expira après une douce et courte agonie, le 15 janvier 1854, trente-un ans après son entrée dans notre maison, la même année que Notre-Seigneur destinait à la glorification de sa divine Mère par la promulgation du dogme de l'Immaculée Conception. Elle s'était employée à obtenir par ses prières ce triomphe de Marie; elle devait en voir au ciel les fêtes dont celles de la terre ne sont qu'une pâle image. Puisse-t-elle obtenir de ce séjour deux gloires encore tant désirées de son cœur pendant l'exil : la canonisation de notre bienheureux Père Fourier, et la consécration solennelle de la France au sacré Cœur de Jésus, cette consécration qui fut le but de son existence.

S'il nous est arrivé de donner le nom de sainte ou de bienheureuse à la religieuse dont il est question dans ce petit écrit, c'est uniquement par un sentiment particulier de vénération; et nous ne prétendons nullement présumer du jugement de l'Eglise, à laquelle seule il appartient de prononcer en pareille matière.

TABLE DES MATIÈRES

Clermont, imp. Bellet. — 706.

www.ingramcontent.com/pod-product-compliance
Ingram Content Group UK Ltd.
Pitfield, Milton Keynes, MK11 3LW, UK
UKHW021104260726
13994UKWH00002B/704